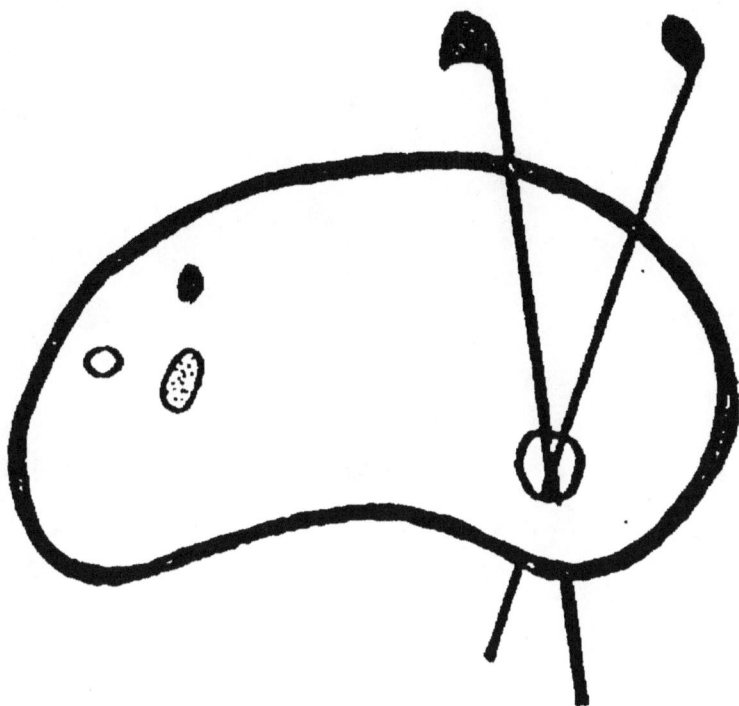

DEBUT D'UNE SERIE DE DOCUMENTS
EN COULEUR

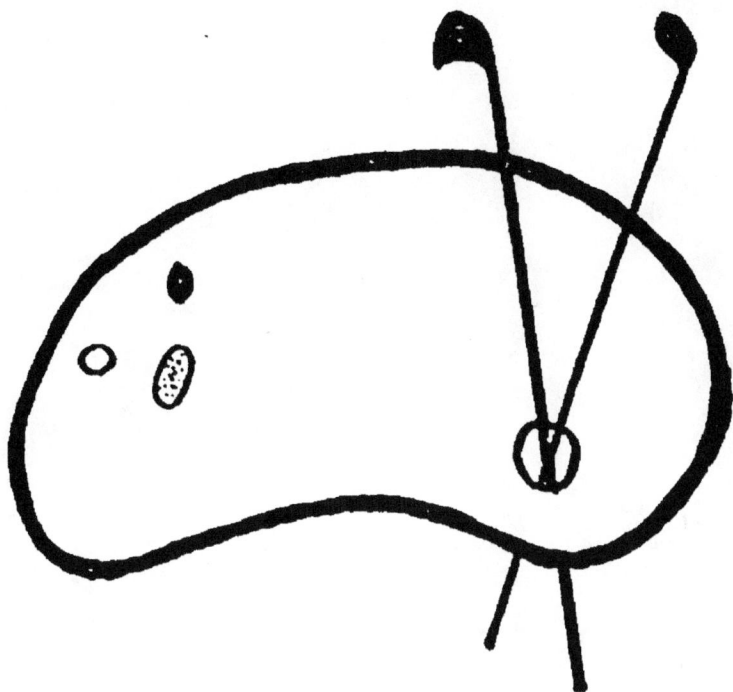

FIN D'UNE SERIE DE DOCUMENTS
EN COULEUR

VOYAGE EN EGYPTE

ET A L'ISTHME DE SUEZ

1re SÉRIE GRAND IN-8°.

VOYAGE EN ÉGYPTE

ET A

L'ISTHME DE SUEZ

RÉCITS

D'UN PÈRE A SES ENFANTS

PAR

L. LAVIALLE DE LAMEILLÈRE.

LIMOGES

EUGÈNE ARDANT ET Cⁱᵉ, ÉDITEURS.

AVIS AU LECTEUR.

En publiant ces quelques pages sur l'Égypte et sur l'isthme de Suez, où vient de se terminer l'une des entreprises les plus grandes de notre époque, l'auteur n'a point la prétention d'avoir fait un livre ; en écrivant cet avis au lecteur, il n'a d'autre but que de dire la vérité toute entière, et de rendre à chacun ce qui lui appartient.

Le voyage à l'isthme de Suez n'est point son œuvre, mais le résumé de ses souvenirs et des lectures qu'il a faites à différentes époques.

Si ce travail, fort incomplet d'ailleurs sur la grande œuvre de M. de Lesseps, a quelque mérite, il doit être en entier rapporté à MM. Hérodote, Duruy, Plutarque, Rollin, Strabon, Ritt, Isidore de Sieste, Sorin, Thibeaudeau, à M. de Lesseps lui-même, pour ne citer que les plus importants des écrivains qui tour à tour y ont collaboré.

Quant aux fautes et aux erreurs, trop nombreuses, qui s'y rencontrent, l'auteur avoue très humblement qu'elles lui sont personnelles; mais il trouve son excuse dans ce vers de l'un de nos grands poètes, vers qu'il voulait prendre pour épigraphe :

...... Quiconque a beaucoup lu,
N'a pas toujours bien retenu (1).

(1) Ce vers de Lafontaine n'est point exactement rapporté ; et le lecteur est prié de le rétablir, si sa mémoire le sert mieux que celle de l'auteur. (*Note de l'auteur*).

PRÉFACE.

L'auteur avait songé à faire une préface, lorsqu'il s'est à temps souvenu des vers de Boileau :

Un auteur à genoux dans une humble préface
A u lecteur qu'il ennuie a beau demander grâce.

Il y a donc renoncé, espérant que ses *innombrables* lecteurs lui en sauront quelque gré.

INTRODUCTION.

~~~

LA FAMILLE D'HARVILLE.

M. Auguste d'Harville, ancien élève de l'école polytechnique, est attaché depuis plusieurs années à l'une de nos plus importantes compagnies de chemin de fer ; malheureusement il a perdu sa femme au mois d'octobre 1863, et bien qu'à cette époque il eut à peine quarante ans, il a depuis lors vécu dans la retraite et consacré à l'éducation de ses trois enfants toutes les heures de liberté que lui laissent ses importantes fonctions.

Marguerite, sa fille aînée, a treize ans seulement ; mais c'est déjà une grande fillette que l'on peut traiter en personne raisonnable, et qui, au mois d'août dernier a rapporté de nombreuses couronnes de la pension Vernot, l'une des plus renommées de Paris.

Ernest a dix-huit mois de moins que sa sœur, et commence ses
études au lycée Louis-le-Grand ; ses maîtres le trouvent intelligent, et
ne lui reprochent d'ailleurs qu'un peu d'étourderie, défaut qui dis-
paraîtra sans doute lorsqu'il aura quelques années de plus.

Quant à Edouard, le plus jeune, il n'a que huit ans, et ne songe
encore qu'à s'amuser et à courir, comme on le fait à son âge ; mais il
est plein de respect pour son père et d'amitié pour son frère et sa
grande sœur ; aussi voit-il arriver avec bonheur le moment des
vacances, qui ramène ces derniers à la maison paternelle.

Les fonctions de M. d'Harville le retiennent presque continuellement à Paris ; mais chaque année, dans les premiers jours de septembre, il prend un congé et va passer six semaines avec ses enfants dans
une petite propriété que lui ont laissé ses parents, et qui est située
sur les bords de la Dordogne, non loin de la petite ville de B...., où il
a conservé de fort amicales relations.

Ce sont, on le comprendra sans peine, des jours de fête pour tous les
membres de cette famille ; il est rare, du reste, qu'ils s'y trouvent
seuls : le plus souvent, au contraire, la maison est remplie de visiteurs de tout âge : cousins et cousines à tous les degrés s'y réunissent
pendant cette saison trop courte des vacances, et l'on y passe les
belles journées d'automne à parcourir les environs, à visiter les bords
si pittoresques de la rivière ou les ruines des vieux châteaux du voisinage.

Chaque soir, au retour de la promenade, grands et petits se réunissent sur la pelouse et au grand air, si le temps le permet ; autour de
la grande cheminée du salon si la température est trop froide ; et là,
comme M. d'Harville est un fort habile conteur, qu'il a beaucoup lu
et beaucoup retenu, et que de plus il a visité bien des pays lointains,

on fait appel à ses souvenirs de lectures ou de voyages, et l'on prête une oreille attentive à ses récits toujours intéressants.

Il cède volontiers, d'ailleurs, la parole aux personnes instruites de la société, et ses jeunes auditeurs peuvent eux-mêmes l'interrompre et provoquer de sa part des explications qui rendent le récit plus clair, et par cela même plus instructif.

Aux vacances dernières, les visiteurs ont été encore plus nombreux que les années précédentes chez M. d'Harville, ce dernier ayant fait un long voyage en Egypte, d'où il n'est rentré qu'à la fin du mois de juillet; sa famille et ses amis se sont empressés de répondre à son invitation et de se rendre à Ribarnac (c'est le nom que porte la propriété dont nous avons déjà dit quelques mots).

Le lecteur ne sera point étonné d'apprendre que dès le premier jour il a été question du voyage de M. d'Harville, de cette terre d'Egypte si grande par ses souvenirs, de ses monuments, les plus anciens du monde, de ses habitants et de leurs mœurs, et surtout de l'œuvre gigantesque que vient de terminer M. de Lesseps, un Français, disons-le avec orgueil! je veux parler de ce canal de cent-soixante-deux kilomètres qui reliera désormais la mer Rouge et la mer Méditerranée, à travers l'isthme de Suez, rapprochant ainsi l'Inde et l'Europe de plus de trois mille lieues; œuvre destinée à changer la face du monde industriel et commercial.

C'est le récit de M. d'Harville à ses hôtes de Ribarnac que nous avons essayé de reproduire, sous la forme même qui lui a été donnée, c'est-à-dire avec les disgressions et les développements de toute sorte qu'il a reçus du complaisant narrateur ou de ses auditeurs eux-mêmes.

Mais auparavant nous ferons connaître leurs noms, afin d'éviter toute interruption inutile.

La société de Ribarnac se compose donc, sans parler de M. d'Harville et de ses enfants, de M. Girard, son beau-frère, maître de forges, qui habite le département du Nord, de M⁰⁰ Girard et de leurs deux fils, Charles et Auguste, le premier âgé de dix-huit ans, et le second de quinze; de M. l'abbé Moreau, vicaire de la cathédrale de C..., et de M. Laroque, ancien officier de cavalerie, qui a pris sa retraite depuis plusieurs années, et habite la ville voisine ; tous deux sont cousins de M. d'Harville.

Enfin nous citerons encore M. Lombard, riche propriétaire, sans enfants, qui réside aussi à B..., et se flatte d'être le plus ancien ami de la famille.

CHAPITRE I.

—

PREMIÈRE SOIRÉE.

Géographie de l'Egypte. — Le Nil. — Sources de ce fleuve. — Causes de la crue annuelle. — Climat de l'Egypte. — Le Khamsin. — Aspect du Delta. — Productions. — Le palmier. — Le lotus. — Le papyrus. — Les fruits.

CHARLES.

Eh bien ! mon cher oncle, vous allez remplir votre promesse, et nous faire le récit de votre voyage en Egypte ; je suis sûr que ce sera fort intéressant.

AUGUSTE.

Et puis cela nous apprendra bien des choses que nous ignorons.

M. LAROQUE.

Ah ! ah ! d'Harville, vous nous direz au juste ce qu'il faut penser des fameuses pyramides ?

ERNEST.

Du sphinx, et de la statue de Memnon ?

EDOUARD.

est il vrai, papa, qu'elle parlait ?

M. LOMBARD.

Vous n'oublierez pas, j'espère, de nous parler du Nil et de ses inondations périodiques ?

L'ABBÉ MOREAU.

Moi, je suis fort curieux d'avoir des détails sur les mœurs et la religion de ce peuple qui était autrefois, si nous en croyons les historiens, fort avancé dans la civilisation et les sciences, et que l'on dit à présent presque sauvage.

ERNEST.

Est-il vrai, mon père, que les Egyptiens adoraient les chiens, les chats, et jusqu'aux légumes de leur jardin ?

GIRARD.

Pour moi je brûle d'entendre ce que vous nous direz du canal de Suez et des immenses travaux qu'il a fallu exécuter pour le mener à bonne fin.

Mᵐᵉ GIRARD.

Si vous parlez tous à la fois, mon frère aura, je suppose, grand'-peine à commencer son récit.

M. LAROQUE.

Madame Girard nous traite avec raison de bavards..., faisons donc silence.

TOUS.

Oui ! oui ! nous écoutons

M. D'HARVILLE.

Je vais donc, mes chers amis, essayer de vous satisfaire et de répondre à toutes vos questions, si du moins cela m'est possible ; je me réserve d'ailleurs de faire appel, en temps et lieu, aux lumières de M. l'abbé, aux souvenirs de mon ami Laroque, et aux connaissances spéciales de Lombard et de mon beau-frère, voire même à la mémoire de mes neveux ou de mes enfants.

Et pour commencer, je prie mon neveu Auguste de nous donner quelques détails sur la position géographique de l'Egypte.

AUGUSTE.

Vous savez tout cela mieux que moi, mon cher oncle ; cependant je vais vous répéter ce que l'on nous a appris au lycée, bien sûr que vous me reprendrez si je commets quelque erreur.

L'Egypte est située au nord-ouest de l'Afrique ; elle est bornée au sud par l'Ethiopie, à l'ouest par la mer Rouge et le désert qui la sépare de l'Arabie, au nord par la mer Méditerranée, et à l'est par le grand désert Lybique.

L'Egypte forme une vallée d'environ 880 kilomètres de longueur.

M. D'HARVILLE.

Fort bien, mon ami ; à présent je vais continuer : cette vallée est fort étroite vers le sud, et se trouve resserrée entre des montagnes qui ne laissent parfois de leur base au bord du fleuve que quelques centaines de mètres.

L'Egypte, vous le savez, est arrosée par le Nil ; on peut dire avec *Hérodote*, le plus ancien des historiens, que cette contrée est *un don du Nil.* Tout fait supposer en effet que la mer pénétrait autrefois fort avant dans la vallée, et que ce fleuve, apportant dans son cours un épais limon, a, peu à peu, exhaussé le sol et comblé le golfe que la Méditerranée formait à la place du *Delta...*

AUGUSTE

Qu'appelez-vous le Delta, mon oncle ?

M. D'HARVILLE.

On nomme ainsi la partie inférieure de l'Egypte qui, fermée au nord par la mer Méditerranée, et enveloppée à l'est et à l'ouest par deux bras du fleuve, présente ainsi la forme d'un triangle ou de la lettre grecque appelée *Delta.*

Ce que je viens de dire de la mer Méditerranée peut s'appliquer en outre à la mer Rouge au sud-ouest, car il est à peu près certain que l'isthme de Suez, dont il sera longuement question dans le cours de nos récits, a été, mais à une époque évidemment fort ancienne, recouvert presque en entier par les eaux de cette mer.

En effet, il existe sur cet isthme une grande dépression de terrain que l'on désigne sous le nom de *lacs amers*, en raison de la nature du sol qui se trouve imprégné de sel à haute dose; cette dépression présente sur tout son pourtour une série de *laisses* de sables mêlés de coquillages semblables à ceux de la mer Rouge.

ERNEST.

Pardon, mon père, qu'est-ce que l'on entend par ce mot *laisses*?

M. D'HARVILLE.

On appelle ainsi le terrain que la mer a recouvert et qu'elle abandonne peu à peu; il est composé d'ordinaire de sable, de coquillage et de débris de toute nature. Ces faits semblent prouver que la mer Rouge a occupé les lacs amers et s'avançait fort avant dans les terres. L'histoire vient en outre à l'appui de cette opinion. Hérodote rapporte que du mont *Casius*, cap sur la Méditerranée, à la mer *Erythrée* ou mer Rouge, on comptait mille stades, c'est-à-dire environ cent kilomètres; le stade unitaire qu'il emploie équivalant à peu près à cent mètres; l'isthme de Suez n'avait donc, il y a deux mille ans, ou à l'époque des voyages du célèbre historien grec, qu'une centaine de kilomètres de largeur; et, aujourd'hui cette largeur étant de plus de cent cinquante kilomètres, il en résulte que la mer s'est retirée d'environ cinq myriamètres.

M. GIRARD.

A quoi peut-on attribuer cet énorme changement?

M. D'HARVILLE.

La science est à cet égard réduite à des conjectures ; on suppose cependant que le terrain ayant été soulevé par un tremblement de terre vers la pointe où le golfe prenait naissance, c'est-à-dire entre les lacs amers et la mer Rouge, ces lacs se sont desséchés peu à peu, et le vent du désert a, par la suite et insensiblement, accumulé autour de l'obstacle ainsi créé, une grande quantité de sable devant laquelle la mer a dû se retirer.

Il faut aussi mentionner comme une autre cause de ce changement hydrographique, divers travaux effectués par les souverains ou les conquérants de l'Egypte dans le but d'assurer leur domination ou de prévenir les invasions extérieures.

Toutefois, comme je le disais tout à l'heure, les savants ne peuvent sur ce point qu'établir des hypothèses, l'histoire de l'Egypte ne renfermant que fort peu de renseignements qui puissent éclairer cette question intéressante. Quoi qu'il en soit, on peut supposer que l'Egypte se trouvait autrefois presque complètement séparée de l'Arabie.

L'ABBÉ MOREAU.

Quelle est l'origine du nom donné à l'Egypte ?

M. D'HARVILLE.

Ce nom est certainement d'origine grecque, car on le trouve dans Homère ; le mot égyptien est *khémi*, qui rappelle le nom de Cham, fils de Noé.

L'ABBÉ MOREAU.

Cham fut en effet la souche du peuple égyptien, et les Hébreux donnaient le nom de Misraïm à la terre d'Egypte.

M. D'HARVILLE.

Misraïm était un fils de Cham.

Voy. à l'isthme de Suez.   2

L'ABBÉ MOREAU.

En effet, mon cher cousin.

M. D'HARVILLE.

Le terme *khémi* signifie noir en langue *copte*; et peut-être l'Egypte a-t-elle pris ce nom du teint foncé de ses habitants, ou de la couleur noire de la terre apportée par le Nil, en opposition au sol blanchâtre et poussiéreux du désert.

Le Nil, je vous l'ai déjà dit, traverse l'Egypte du sud au nord. Chaque année et presque à jour fixe, du 20 juin au 1er juillet, ce fleuve grossit peu à peu, franchit ses rives et se répand jusqu'à la fin de septembre sur tout le pays pour rentrer dans son lit vers le solstice d'hiver, laissant sur les terres qu'il a recouvertes un limon gras et léger qui sert d'engrais.

M. LOMBARD.

Cette crue est-elle considérable ?

M. D'HARVILLE.

Pour qu'elle soit favorable aux récoltes, il faut qu'elle soit de sept mètres à sept mètres et demi ; si elle était moindre, on ne pourrait ensemencer qu'une partie des terres ; et si elle était plus forte, on ne pourrait faire les travaux dans un sol marécageux et trop longtemps occupé par les eaux.

On a calculé que, par suite de ces dépôts successifs, le sol de l'Egypte s'exhausse de cent vingt-six millimètres par siècle, et c'est ainsi que peu à peu le limon du Nil ou les sables du désert engloutiront les cités et les monuments gigantesques des Pharaons.

M. LOMBARD.

Connait-on aujourd'hui parfaitement la cause de ces inondations salutaires que Dieu semble avoir réservées à la terre d'Egypte ?

M. D'HARVILLE.

Ce serait une erreur, mon cher ami que de supposer que ce phénomène est particulier au Nil. Tous les fleuves ayant leur source dans la
zone torride ont ainsi des crues régulières plus ou moins importantes ;
et ce qui, chez les anciens, était regardé comme merveilleux et passait
pour inexplicable, n'est autre chose que le résultat des pluies périodiques, fort abondantes dans cette région pendant plusieurs mois de
l'année.

M. LAROQUE.

On a donc enfin découvert les sources ou la source du Nil ?

M. D'HARVILLE

Ce problème qui a tant préoccupé les anciens, est en effet résolu.
Le célèbre *Ptolémée*, géographe, qui vivait au commencement du
II⁰ siècle de l'ère chrétienne, avait le premier parlé des sources
du Nil comme sortant de deux grands lacs situés dans les montagnes
de l'Éthiopie et alimentés par les neiges qui couvrent leurs sommets
ou par les pluies torrentielles qui inondent cette contrée du commencement d'avril à la fin du mois d'août.

On a même découvert, dans un couvent du mont *Athos*, une carte
de ce géographe, sur laquelle se trouvent représentés ces deux lacs,
mais non à leur véritable place.

M. GIRARD.

Cela prouve qu'à cette époque ou à une époque antérieure les voyageurs ou les marchands avaient pénétré dans l'intérieur de l'Afrique

M. D'HARVILLE.

Vous avez raison : plus tard, c'est-à-dire au XVI⁰ siècle, un voyageur italien, nommé *Pigaffetta*, affirma également que le Nil tirait sa
source de deux lacs fort éloignés l'un de l'autre. Mais en 1770, l'é-
cossais *Jacques Bruce* crut pouvoir affirmer que ces lacs n'existaient

pas, et prétendit avoir découvert la source du grand fleuve, tardis qu'il n'était parvenu qu'à celle du *Nil bleu*, l'un de ses affluents.

Depuis cette époque, de hardis voyageurs, poussés par l'amour de la science, ont tenté de pénétrer au cœur même de l'Afrique, bravant les fatigues du désert et les dangers qu'ils pouvaient courir dans un climat insalubre et au milieu de peuplades sauvages ; quelques-uns ont payé de leur vie cette courageuse entreprise

Cependant les Anglais *Livingstone*, *Speke*, *Grand* et *Samuel Baker* ont, il y a quelques années, surmonté tous les obstacles et constaté l'existence des deux lacs dont parle Ptolémée. Ces lacs, auxquels ils ont donné les noms de lac *Victoria* et lac *Albert*, communiquent entre eux, et forment, à environ douze cents mètres au-dessus du niveau de la mer, deux bassins immenses qui reçoivent les eaux des torrents descendus des montagnes voisines, et donnent naissance au Nil, comme on l'affirmait autrefois.

Une particularité fort remarquable de ce fleuve, c'est que pendant un parcours de plusieurs centaines de lieues, il ne reçoit les eaux d'aucun affluent, pas même celles d'un ruisseau, et qu'il est presque sans exemple que les orages viennent le grossir dans sa traversée de l'Egypte.

Par suite, comme il alimente de nombreux canaux de dérivation, il diminue de volume à mesure qu'il se rapproche de la mer.

A son entrée en Egypte, il franchit une chaîne de montagnes rocheuses, qui forment les cataractes de *Syène*, si célèbres dans l'antiquité. Ces rochers ne sont, du reste, pas bien terribles, et gênent la navigation, sans toutefois l'intercepter.

A partir de ces cataractes jusqu'à Memphis, il coule dans un seul lit ; mais à la pointe du Delta il se sépare et va se jeter dans la mer par diverses embouchures, qui étaient, suivant les anciens auteurs, au nombre de sept, dont la principale débouchait, à l'ouest, vers *Péluse*, et portait le nom de *Pélusiaque*. Mais aujourd'hui deux seulement, celle de Rosette et celle de Damiette, jettent leurs eaux directement dans la mer, et sont navigables jusqu'à leur extrémité; quant aux autres, ce ne sont plus que des canaux dont on reconnaît à peine l'embouchure.

M. GIRARD.

Ces bouches ont sans doute disparu sous le limon du Nil; et le Delta doit lui-même gagner chaque année sur la Méditerranée?

M. D'HARVILLE.

En effet; cet envahissement est toutefois peu sensible. Les rives du fleuve étant très basses dans le Delta, il se répand sans obstacle au moment de la crue; aussi le sol n'avance-t-il sur la mer que de trois à quatre mètres par an, tandis que certains fleuves, tels que le *Pô*, en Italie, qui est protégé par des endiguements, gagne vingt-cinq mètres chaque année.

L'ABBÉ MOREAU.

Ces inondations ne rendent-elles pas le climat de l'Egypte insalubre?

M. D'HARVILLE.

Non, à moins que la crue ne dépasse la hauteur ordinaire; dans ce cas, les eaux restant beaucoup plus longtemps stagnantes, pourraient engendrer la peste et amener la famine.

Sous le rapport du climat, on peut diviser l'Egypte en deux zones; l'une, comprenant le Delta, est chaude et humide; l'autre, formée par la vallée supérieure du Nil, est chaude et sèche; dans la première, la saison des pluies constitue une espèce d'hiver, sans que néanmoins il y fasse jamais grand froid; mais la seconde jouit d'un été perpétuel, et la pluie est un phénomène si rare dans cette région, qu'à l'époque de l'expédition d'Egypte, du mois de novembre 1798 au

mois d'août 1799, il ne plut à Alexandrie qu'une seule fois et pendant
une demi-heure à peine. En 1845 et 1846, à *Kennech*, on ne vit de
nuages au ciel que pendant neuf jours.

Le vent du nord, qui domine en Egypte pendant presque toute l'année, adoucit considérablement la température, et il est en outre de la plus
grande utilité pour la navigation des lacs et des canaux. Il règne du
mois de juin au mois d'avril; à cette époque on voit arriver les vents du
sud, toujours brûlants et desséchants, mais plus fréquents dans la haute
Egypte : on les appelle *khansim*, ce qui veut dire *les cinquante*, parce
qu'ils durent ordinairement cinquante jours ; ce vent est un véritable
fléau; par bonheur il ne dure pas sans interruption, sa marche se compo-
sant assez régulièrement de coups de vent du sud d'une durée de trois
jours. Le premier jour (je l'ai observé moi-même), c'est une forte
brise mêlée à une chaleur lourde et énervante ; le second jour la tempête se déchaîne ; le vent devient d'une violence extrême, surtout
dans l'après-midi ; l'atmosphère est obscurcie par une nuée de sable
impalpable et brûlant qui vous pénètre, vous aveugle et vous suffoque.
Les animaux, accablés, se couchent et fouillent le sable de leurs na-
seaux pour y chercher un peu de fraîcheur ; on en voit même succom-
ber si ce terrible vent se prolonge.

Le troisième jour est d'ordinaire plus calme, et le vent du nord
reprend le dessus. Quelquefois cependant la tempête ne cesse que le
sixième jour. Le khansim est connu en Arabie et dans l'Asie méridionale sous le nom de *samoun* ou *simoun*

Il a parfois englouti des caravanes entières sous les montagnes de
sable qu'il soulève ; et l'histoire rapporte qu'il causa la perte de
l'armée de *Cambyse*, engagée au milieu du désert.

Les tremblements de terre sont assez fréquents en Egypte : il est
question d'un fait de ce genre sous le premier roi de la deuxième

dynastie de *Manéthon ;* le sol s'entr'ouvrit dans la ville de *Bubastos* et engloutit un grand nombre d'hommes. *Strabon* parle d'une secousse qui, l'an 27 avant Jésus-Christ, renversa la partie supérieure de la statue de *Memnon.*

M. LAROQUE.

L'Egypte doit, je le suppose, présenter un admirable aspect dans certaines saisons?

M. D'HARVILLE.

Dans la haute Egypte, la vallée est fort étroite, du moins quant à la partie cultivée ; le fleuve, se trouvant plus profondément encaissé, ne recouvre pas les terres à l'époque de la crue, et elles ne sont arrosées qu'au moyen de machines hydrauliques. La contrée à l'est fait partie du grand désert : celle de l'occident, qui comprend la terre de *Gessen* et l'isthme de Suez, est, depuis des siècles jusqu'à nos jours, resté inhabitée et presque inculte, excepté sur le littoral des deux mers ; et les cités innombrables que les Pharaons y fondèrent autrefois ont complètement disparu par suite de divers évènements que j'essaierai de vous faire connaître en vous donnant quelques notions sur l'histoire d'Egypte. Reste le Delta, qui présente divers aspects suivant les saisons. Au milieu du printemps, les récoltes sont déjà enlevées et laissent à nu une terre grisâtre et profondément crevassée.

Plus tard, pendant l'inondation, c'est une immense nappe d'eau rouge et saumâtre, d'où sortent des palmiers et des villages communiquant entre eux au moyen de digues artificielles ; mais pendant la saison d'hiver tout le Delta est couvert de fleurs et d'épis, et ne présente à la vue qu'une riche nappe de verdure, formant un contraste frappant avec le désert qui la borne de tous côtés.

M LOMBARD.

Quelles sont aujourd'hui les productions principales de l'Egypte?

L'Egypte n'a point de forêts, car on ne peut donner ce nom aux plantations de dattiers; on y manque donc complètement de bois à brûler et de bois de construction. L'arbre le plus répandu et le plus utile qu'on y trouve aujourd'hui est le palmier à dattes; ce végétal remarquable tient le milieu entre l'arbre et l'arbuste; il est dépourvu d'écorce, de bois et de branches, et forme la base de l'alimentation des habitants. Il existait bien dans l'ancienne Egypte, mais il n'était point utilisé comme arbre fruitier; car Strabon affirme qu'il est de fort mauvaise espèce dans le Delta, et que ses fruits sont à peine mangeables.

Du reste, la culture du palmier n'était point pratiquée dans l'antiquité, sauf sur un petit nombre de points, comme dans la *Babylonie* et la *Syrie*, et elle n'a pris de développement que depuis l'établissement de l'*islamisme*.

ERNEST.

Pardon, mon père, l'histoire ancienne fait souvent mention du *lotus* et du *papyrus*; qu'est-ce que ces plantes; sont-elles encore un des produits de l'Egypte ?

M. D'HARVILLE

Le nom de *lotos* ou *lotus* a été donné par les anciens à deux plantes fort différentes : Homère désigne sous ce nom une espèce de *jujubier* de la taille d'un petit poirier, et dont le fruit, gros comme une olive, a la saveur de la datte et une odeur fort agréable. C'est l'arbre des *Lotophages*, qui, dit Homère, faisait oublier aux étrangers leur patrie; il était connu chez les Hébreux sous le nom de *doudaïm*. Cet arbuste ne se trouve plus aujourd'hui dans le Delta que jusqu'au Caire.

Il y a en outre un *lotos* aquatique qui comprend plusieurs variétés; l'une est une plante fort belle, qui formait la coiffure des sphinx et la

parure de la déesse Isis ; elle est en vénération chez les Brames de
l'Inde. Elle porte le nom de fève d'Egypte, à cause de son fruit qui est
propre à servir d'aliment.

Une autre espèce produit une grande fleur blanche semblable à un
lis ; on mangeait sa graine et sa racine.

Cette plante n'est pas cultivée et tend aussi à disparaître

Quant au papyrus, c'est une grande et belle plante qui s'élève jusqu'à trois mètres, et croît naturellement dans les marais d'Egypte ;
mais elle devient extrêmement rare, et je crois que l'on n'en rencontre
que sur quelques points du Delta. Il est un peu plus commun en
Abyssinie et en Syrie.

Vous savez que les anciens faisaient servir le papyrus à un grand
nombre d'usages ; ils en confectionnaient des paniers, des chaussures,
des cordages, et jusqu'à des vêtements ; mais son emploi le plus important était pour la fabrication d'une matière propre à écrire, d'une
espèce de *papier*, mot dont l'étymologie se retrouve dans *papyrus*.

M. GIRARD.

Pline le naturaliste nous explique la manière dont on le fabriquait.

M. D'HARVILLE.

Soyez assez bon pour nous l'expliquer à nous-mêmes.

M. GIRARD.

Très volontiers. On séparait la tige du papyrus en minces feuillets
que l'on étendait sur une table humectée d'eau du Nil : puis on les ar-
rosait avec de l'eau chaude mêlée à une substance visqueuse ; enfin on
les mettait à la presse, on les faisait sécher au soleil et on les polissait.

Les Romains s'occupèrent beaucoup de cette fabrication et pour cela
ils eurent des ouvriers spéciaux et portant différents noms ; mais plus
tard le papier de coton remplaça le papyrus.

CHARLES.

L'invention du papier de coton est-elle donc bien ancienne?

M. GIRARD

L'invasion de l'Orient par les Arabes, invasion qui remonte au VIIe et au VIIIe siècle, força les peuples de l'Europe à renoncer au papyrus ; on lui substitua le papier d'écorce d'érable, de platane, d'orme, et plus tard le parchemin. Au Xe siècle on vit apparaître le papier appelé *de coton*, qui n'était autre chose que du papier fait avec la bourre de soie ; enfin, au XIIIe siècle on fabriqua le papier de chiffons.

ERNEST.

Quel en fut l'inventeur ?

M. GIRARD.

On l'ignore complètement ; le papier de coton était d'ailleurs connu à la Chine et au Japon depuis plusieurs siècles, et il est probable que de la Chine cette précieuse invention est parvenue en Europe à travers l'Asie et par l'intermédiaire des Arabes, dont la civilisation était à cette époque fort avancée.

Les premières papeteries établies en France datent du règne de Philippe de Valois, vers 1340. La plus ancienne manufacture anglaise fut fondée à *Gertford*, en 1588.

AUGUSTE.

Est-il vrai que dans les fouilles pratiquées à Herculanum et à Pompéi on a découvert des rouleaux de papyrus en assez bon état de conservation pour qu'on ait pu les déchiffrer ?

M. GIRARD.

Rien n'est plus certain ; en 1347 on en a traduit un certain nombre, et si ces fouilles sont continuées, on espère en trouver de nouveaux ; peut-être arrivera-t-on ainsi à découvrir quelqu'une des œuvres perdues des grands écrivains de la Grèce ou de Rome.

Du reste, on en a trouvé en Egypte auprès des momies que renferment les tombeaux des Pharaons.

M. D'HARVILLE.

Je n'ai pas fini de répondre à la question de M. Lombard au sujet des productions de l'Egypte. On y cultive surtout le froment et l'orge ; mais les autres céréales y réussissent parfaitement ; on récolte en outre du riz dans le Delta, à cause de son sol marécageux, et le maïs dans les contrées plus élevées. Depuis quelques années on a entrepris la culture du coton, qui devient l'un des articles les plus importants du commerce d'exportation.

Enfin je citerai encore la canne à sucre, le tabac, l'indigo, le poivre, et généralement tous les produits des contrées qui se rapprochent de l'équateur. Les fruits des pays chauds y sont excellents ; mais ceux d'Europe n'y réussissent pas, et les pommes ou les poires que l'on m'a servies en Egypte, et auxquelles j'ai voulu goûter en souvenir de mon pays natal, ne m'ont laissé qu'un goût fort désagréable.

M. LOMBARD.

La vigne doit, sans doute parfaitement réussir dans un pareil climat ?

M. D'HARVILLE.

Il paraît bien qu'autrefois elle était cultivée sur tous les points de l'Egypte, mais aujourd'hui elle ne se rencontre que dans certains cantons, et l'on n'y fabrique pas de vin.

Mme GIRARD.

Ne pensez-vous pas, mon frère, qu'il est temps de nous séparer et d'ajourner à demain la suite de votre récit.

M. D'HARVILLE.

Vous avez raison, ma sœur, je vous remercie de votre observation ; à demain donc.

CHAPITRE II.

—

DEUXIÈME SOIRÉE.

Poissons du Nil : Crocodiles, hippopotames. — Oiseaux : ibis, pigeons, poules ; méthode d'incubation. — Hyènes, renards, ichneumons, chacals, lièvres, gazelles. — Chasse à la gazelle. — Loi religieuse sur la chasse. — Chameau; son utilité ; caravanes. — Dromadaire; mahari ; emploi dans les armées. — Importance de l'Egypte. — Hiéroglyphes. — Antiquité prétendue de l'Egypte. — Dynastie de Manéthon. — Zodiaque.

ÉDOUARD.

Mon papa, avez-vous vu beaucoup de *crocodiles,* comme il y en a dans les livres ?

CHARLES.

Je vous en prie, mon oncle, parlez-nous du *chameau* et du *dromadaire.*

ERNEST.

Qu'est-ce donc que le *mahari ?*

M. LAROQUE.

En ma qualité de pêcheur, je voudrais bien savoir si le Nil fournit autant de poissons que la Dordogne ?

M. D'HARVILLE.

Oui, mon ami, vous y trouveriez de quoi satisfaire votre goût pour n pêche ; ce fleuve nourrit une grande quantité de poissons d'espèces diverses, dont la plupart sont bons à manger ; ce qui constitue une grande ressource pour le pays.

On y trouve aussi des crocodiles ; cependant cet amphibie, qui autrefois était très commun et descendait jusque dans la Basse-Egypte, s'est retiré dans la vallée supérieure, et surtout par delà les cataractes. Il en est de même des hippopotames qui ont complètement disparu et ne se rencontrent qu'à partir de *Dongola*, ville de Nubie.

Les oiseaux abondent aussi en Egypte, et ceux du nord, du moins les voyageurs, s'y rencontrent avec ceux des tropiques. Cependant l'ibis, qui était autrefois si répandu, et l'objet d'une grande vénération, est devenu très rare et s'est retiré vers le sud. Les plus communs sont les pigeons et les poules. Les poulets étaient et sont encore élevés à l'aide d'incubations artificielles, et l'on prétend que cette méthode a détruit chez les poules la faculté de l'incubation, mais je ne saurais affirmer ce fait qui me paraît douteux.

M. LOMBARD.

Vous ne nous dites pas si l'on trouve en Egypte beaucoup de bêtes féroces ?

M. D'HARVILLE.

Comme il n'y a point de forêts, et qu'ils trouveraient difficilement leur nourriture dans le désert, on n'y rencontre point de grands animaux carnassiers ; mais la hyène, le renard, l'*ichneumon*, le *chacal*, sont au contraire fort communs et le lièvre y abonde.

EDOUARD

Qu'est-ce que l'ichneumon, papa ?

AUGUSTE.

N'est-ce point un insecte ?

M. D'HARVILLE.

Il est vrai que ce nom s'applique à un genre d'insectes qui compte une multitude de variétés ; mais en Egypte on appelle *ichneumon*, un petit animal qui ressemble à la martre ou à la belette de nos pays ; on le surnommait le *rat de Pharaon*, et les Egyptiens en avaient fait un dieu, sans doute parce qu'il détruisait les œufs du crocodile.

ERNEST.

Dites-nous ce que c'est que le chacal, mon père ?

M. D'HARVILLE.

Le chacal est une espèce de chien sauvage, moins grand qu'un loup, et dont la queue ressemble à celle du renard ; les chacals vivent en troupes, se nourrissent le plus souvent de cadavres, et n'attaquent que bien rarement une proie vivante.

Dans le désert on trouve des gazelles et des antilopes ; la chasse de ces animaux est très intéressante, et c'est un exercice fort apprécié des Egyptiens, un passe-temps auxquels s'associent volontiers les dames du *Caire* et d'*Ismaïlia*, je veux parler du moins de celles qui n'appartiennent pas à la religion de Mahomet. J'ai moi-même assisté à Ismaïlia, ville qui se trouve sur l'isthme de Suez, et dont je vous parlerai plus tard, à l'une de ces chasses et je vais essayer de vous en donner une idée.

Vous savez que la gazelle est un quadrupède ressemblant quelque peu au daim et franchissant l'espace avec une incroyable rapidité ; elle a les cornes rondes et d'une courbure variée, et se distingue par une odeur de musc très prononcée qu'elle laisse après elle. On en trouve des troupes assez nombreuses en Egypte.

Il y a plusieurs manières de leur faire la chasse : les Arabes préfèrent généralement celle où ils emploient le guépard, animal qui ressemble à la panthère et qu'ils dressent à cet usage ; s'ils la préfè-

rent c'est sans doute parce qu'elle exige beaucoup de mouvement et
le bruit. Le chasseur prend avec lui cet animal, et le place sur le
devant de la selle de son dromadaire; dès que les gazelles sont en
vue, le guépard s'élance et presque toujours il en atteint quelqu'une.

Parfois aussi les Arabes emploient le système que nous pratiquons
dans nos pays pour la chasse au loup et au renard ; il organisent une
battue, à laquelle prennent part tous les habitants d'un village; le
gibier acculé contre un ruisseau qu'il ne peut franchir, est assommé à
coups de bâtons ou égorgé sans défense. C'est une boucherie.

Un détail de mœurs assez remarquable et que je ne veux poin
passer sous silence, c'est que la chasse chez les musulmans est régle-
mentée par la loi religieuse, comme tous les autres actes de la vie;
toute chasse n'est pas permise, et un *croyant* ne saurait manger d'un
gibier, quel qu'il soit, s'il n'a été blessé, si son sang n'a coulé, ne
fût-ce que par une simple piqûre au bout de l'oreille.

Si on se sert du bâton ou du fusil pour tuer. on doit dire, en
ajustant : *Bessemelah,* au nom de Dieu : *allah akebeur ;* Dieu seul
est grand ou Dieu est le plus grand.

Enfin, lorsqu'il emploie un animal dressé à la chasse, avant de le
lancer sur un gibier quelconque, un musulman doit lui passer la
main sur les reins et faire la même invocation.

A Ismaïlia la chasse se fait beaucoup plus noblement ; celle à
laquelle j'assistai, ainsi qu'un grand nombre de Français, fut dirigée
par un célèbre chamelier nommé Ismaël, qui connait parfaitement le
désert, et qui, à l'époque de mon voyage, était chargé de la surveillance des chameaux attachés au service de la compagnie du canal.

Monté sur son dromadaire, d'où il dominait la campagne, Ismaël
nous précéda suivi d'Arabes qui tenaient en main des lévriers à longs

poils que l'on appelle *slougis*. Nous nous dirigeâmes gaiement, et faisant même de la fantasia, au milieu des dames, vers le lac *Timsah;* bientôt Ismaël, ayant aperçu un troupeau de gazelles, poussa son cri de chasse, et de son bras tendu vers les dunes, nous indiqua la direction qu'elles prenaient dans leur fuite. Aussitôt les Arabes lâchèrent les chiens, et tous, cavaliers et amazones, nous nous lançâmes à la poursuite de ces malheureuses bêtes, à qui il est impossible de se dérober, c'est-à-dire de dépister les chiens, puisqu'au désert il n'y ni bois, ni fourrés; elles ne peuvent donc fuir qu'en ligne droite, à la vue des chasseurs; mais leur agilité est si prodigieuse qu'elles échappent souvent aux lévriers même les plus infatigables. Dans la troupe il s'en trouve cependant presque toujours de plus faibles qui se laissent atteindre, les mères surtout qui ne veulent point abandonner leur faon. C'est ainsi que nous parvînmes à en tuer une; que nous la dévorâmes sans remords le soir même et je dois avouer que la chair m'en a paru excellente.

Je vous ai parlé du dromadaire; c'est ici le moment de vous donner quelques détails sur ce précieux animal que l'on a poétiquement surnommé *le vaisseau du désert.*

AUGUSTE.

Quelle différence y a-t-il donc entre le dromadaire et le chameau?

M. D'HARVILLE.

On distingue en histoire naturelle, non pas deux races, comme l'a cru Buffon, mais bien deux espèces différentes de chameaux; le chameau proprement dit a deux bosses, il se trouve en Turquie et généralement dans l'Asie méridionale; mais le *dromadaire* n'a qu'une bosse : il est plus commun en Afrique.

Le chameau est fait pour le désert; car il est le plus sobre de tous les animaux, il peut voyager pendant plusieurs jours, sans boire ni manger, se contentant de brouter les lentisques, les chardons et les végétaux épineux qu'il rencontre dans ses courses à travers les sables, et qu'il préfère d'ailleurs aux herbes les plus douces

M. GIRARD.

La facilité qu'il a de s'abstenir de boire n'est pas seulement le résultat de l'habitude ; c'est encore un effet de sa conformation : outre les quatre estomacs que possèdent tous les ruminants, il a une cinquième poche dans laquelle se conserve l'eau ; et quand il éprouve le besoin de se rafraîchir ou d'humecter ses aliments, une simple contraction musculaire fait remonter le liquide jusqu'à l'œsophage.

ERNEST.

J'ai lu en effet quelque part que les voyageurs qui traversent le désert, égorgent un chameau, lorsqu'ils sont pressés par la soif, pour boire l'eau qu'ils trouvent en réserve dans cet estomac.

M. D'HARVILLE.

Ce n'est pas tout : le pied large et visqueux du chameau, au lieu de soulever des tourbillons de poussière, comme celui d'un cheval, tasse le sable et rebondit sans s'y enfoncer ; mais il n'avance qu'avec difficulté dans les terrains humides et glissants.

Sa force et sa docilité en font une bête de somme des plus commodes ; sa chair est d'ailleurs, surtout celle des jeunes, un fort bon aliment, et remplace celle du mouton et du bœuf ; son lait donne d'excellent fromage ; et son poil fin et moelleux se renouvelle chaque année et sert à fabriquer des étoffes fort solides.

M. GIRARD.

Sans le chameau et cette facilité qu'il a de supporter la soif et de traverser rapidement d'immenses espaces couverts d'un sable brûlant, il n'y aurait plus de communication entre l'Egypte et l'Abyssinie

Voy. à l'isthme de Suez.   3

entre la Barbarie et les contrées au-delà du Sahara, entre la Syrie et la Perse; l'Arabie serait isolée du reste de la terre.

M. D'HARVILLE.

Aussi les Arabes le regardent-ils comme un présent du ciel. En Egypte comme en Asie, le transport des marchandises ne se fait qu'avec les chameaux ; les marchands se réunissent en caravanes, et chargent ces animaux de tout ce qui est nécessaire pour leur traversée, pain, vin, charbon, etc.

L'Arabe conducteur se place en avant et entonne, en guise de chanson, une espèce de râlement singulier; aussitôt les animaux se mettent en marche, hâtant ou ralentissant le pas suivant la mesure du chanteur; quand ce dernier est fatigué, un autre Arabe le remplace et cela dure ainsi jusqu'à la fin du voyage.

Chargé de douze cents livres et quelquefois d'un poids plus considérable, le chameau peut parcourir quarante à quarante-cinq kilomètres par jour, et garder cette allure pendant une semaine sans difficulté.

Ce que je viens de vous dire s'applique au *dromadaire ;* mais ce dernier animal est réservé aux hommes et porte moins de fardeaux.

En revanche il est plus rapide et plus sobre encore que le chameau proprement dit.

L'espèce que l'on appelle *méhari* ou *maïhari* est plus petite et est réservée pour la course. Entre le chameau vulgaire et le méhari il y a la même différence qu'entre un cheval de fiacre et un cheval pur sang ; sa tête est gracieuse et fine, ses formes sveltes; il supporte encore mieux la faim et la soif, et passe dit-on, tout un hiver sans s'abreuver à un puits. Il est aussi plus docile, c'est-à-dire probablement qu'on l'élève avec plus de soin.

Un méhari bien dressé doit faire aisément de trente à quarante lieues par jour; lancé à toute vitesse, il s'arrête net si son cavalier tombe ou saute à terre.

M. LOMBARD

N'est-ce point fatigant de voyager à dos de chameau ou de dromadaire?

M. D'HARVILLE.

Pardonnez-moi : le pas du dromadaire est une allure insupportable; car l'effet produit ne peut se comparer qu'à un roulis mêlé de tangage qui donne le mal de mer au bout de quelques minutes.

M. LAROQUE.

En vérité, ce mode de voyage n'est point agréable.

M. D'HARVILLE.

Rassurez-vous; l'allure la plus naturelle du dromadaire est le trot, qui est fort doux, et ne ressemble en rien à celui du cheval; on n'éprouve pas d'autre effet qu'une légère secousse de bas en haut, d'une régularité parfaite, et l'on se tient en équilibre sur la selle sans aucune fatigue. Du reste les Arabes prétendent qu'on reconnaît un bon dromadaire, quand assis sur la selle et au trot allongé, on peut boire, sans en verser une goutte, une tasse de café remplie à pleins bords. Cela sent l'exagération, et cependant je puis vous affirmer que c'est presque une vérité.

Le trot du dromadaire est tellement rapide, qu'il devancerait les meilleurs chevaux; il peut faire d'ailleurs ainsi que je vous l'ai déjà dit, quarante lieues par jour.

M. GIRARD.

Les Égyptiens n'ont su que fort tard tirer parti du dromadaire; car il n'est représenté nulle part sur les monuments anciens parmi les animaux domestiques.

L'ABBÉ MOREAU.

Cependant il était d'un fréquent usage en Palestine, dès le temps des Patriarches.

M. D'HARVILLE.

On n'en trouve ni le nom ni la figure dans l'écriture hiéroglyphique elle-même ; tandis que l'âne, le cheval, le bœuf y sont représentés à chaque instant. Il n'était donc point connu à cette époque.

Strabon, le premi r, nous apprend que les marchands se rendaient avec des chameaux de *Coptos* dans la Haute-Egypte à Bérénice sur la mer Rouge ; et ce n'est véritablement qu'à partir de l'occupation de l'Egypte par les Arabes, que l'on s'est occupé de l'élève du chameau ou du dromadaire.

M. GIRARD.

Cet animal est fait exclusivement pour le désert ; car on a tenté, mais en vain, de l'acclimater en Espagne et en Italie.

M. D'HARVILLE.

Il en a été de même en Amérique. Je dois ajouter que le droma-daire a été employé comme auxiliaire dans les armées, et surtout dans les temps anciens ; Plutarque nous apprend qu'un certain nom-bre de ces animaux furent attachés aux légions romaines. Tite-Live en parle également.

L'ABBÉ MOREAU.

Cyrus, roi des Perses, en avait fait usage dans sa guerre contre lo roi de Lydie.

M. D'HARVILLE.

Napoléon Bonaparte, général en chef de l'armée d'Egypte, institua en janvier 1799, un régiment français qui se composait de deux escadrons et qui était monté sur des chameaux ou des dromadaires.

M. LAROQUE.

Après la conquête de l'Algérie, on fit un semblable essai : le colonel *Carbuccia* organisa à la maison carrée un escadron de cent dromadaires avec deux cents hommes.

M. D'HARVILLE

Cette institution présentait de grands avantages, car un dromadaire coûte en Afrique quatre fois moins qu'un mulet, est beaucoup plus sobre et porte une charge bien plus grande.

M. LOMBARD

Quel est donc le prix d'un dromadaire ?

M. D'HARVILLE.

Un chameau ordinaire ne coûte guère plus de soixante à quatre-vingts *boudjoux*, c'est-à-dire de cent dix à cent cinquante francs de notre monnaie, le boudjoux équivalant à un franc 86 centimes; mais un méhari vaut bien davantage, et se vend jusqu'à sept cents francs.

M. LAROQUE.

L'essai du colonel *Carbuccia* fut abandonné après la mort du maréchal *Bugeaud*; cependant, en 1853, le commandant *Du Barrail* a organisé à Laghouat un équipage de cinq cents chameaux destiné au transport de l'infanterie ou des approvisionnements.

M. D'HARVILLE.

Cet utile animal que nous avons un peu longuement décrit, a été, vous le comprenez sans doute, un auxiliaire important pour les travaux du canal de Suez, et nous le retrouverons encore plus d'une fois, quand nous parlerons de cette glorieuse entreprise.

Mais avant d'entamer ce récit, je crois nécessaire de jeter avec vous un rapide coup-d'œil sur l'histoire d'Égypte, en nous arrêtant, chaque fois que l'occasion s'en présentera, sur les mœurs et les usages de ce peuple intéressant.

L'Egypte, par sa situation géographique, et la merveilleuse fécondité de son sol, a été appelée à jouer un rôle exceptionnel depuis les temps les plus reculés, dans l'histoire du monde. C'est la clef du passage entre l'Occident et l'Orient. C'est là que tour-à-tour se sont rencontrés les peuples de l'antiquité et ceux de l'époque moderne ; c'est là qu'ont paru *Joseph, Jacob, Moïse, Cambyse, Sésostris. Nécos, Darius, Alexandre, Pompée, César, Octave, Trajan, Adrien, Saladin, Bonaparte* et *Méhémet-Ali.*

Son histoire se trouve donc mêlée à celle des nations de l'Asie et de l'Europe.

Malheureusement elle est fort obscure et incertaine dans les temps anciens, bien que les Egyptiens eussent découvert le moyen de perpétuer leurs traditions, en les gravant en caractères ineffaçables sur les murailles de leurs monuments.

AUGUSTE.

Vous voulez sans doute parler de l'écriture hiéroglyphique !

M. D'HARVILLE.

Oui, mon ami.

AUGUSTE.

Je croyais que jusqu'à présent l'on n'était point arrivé à la déchiffrer.

M. D'HARVILLE.

Il est vrai que cette écriture est restée, pendant des siècles, à l'état d'énigme incompréhensible ; aussi le mot hiéroglyphe était-il devenu synonyme d'obscurité.

Cependant à l'époque de l'expédition d'Egypte, on découvrit à Rosette une inscription qui contenait un triple texte, dont le dernier en grec, fit faire un premier pas dans la connaissance de cette langue mystérieuse; et quelques savants français, à la suite d'infatigables recherches, M. M. *Sylvestre de Sacy, Champollion, Mariette* et bien d'autres sont aujourd'hui parvenus à reconstituer cette langue qui fut celle des anciens prêtres d'Osiris.

Toutefois cette découverte, qui mérite le titre d'invention, n'a pas jusqu'ici éclairé, comme on aurait pu s'y attendre, ou plutôt comme on le désirait, la période historique de l'Egypte antérieure aux Pharaons. C'est que les prêtres, qui à cette époque, étaient seuls gardiens des archives, trouvant sans doute, comme le dit Rollin, qu'il était beau pour un peuple de se perdre dans un abîme infini de siècles, ont fait remonter leur histoire à plus de vingt mille ans.

L'ABBÉ MOREAU.

C'était une prétention vaine et fabuleuse.

M. D'HARVILLE.

Vous dites vrai, mon cher ami! Hérodote rapporte que ces prêtres lui avaient dit, en parlant des Grecs : *Vous autres, vous n'êtes que des enfants, qui n'avez point vécu l'âge d'homme ; il n'y a point de vieillards parmi vous.*

Ils prétendaient donc que, pendant dix-huit à vingt mille ans, les dieux d'abord, ensuite les demi-dieux ou les héros gouvernèrent successivement l'Egypte.

M. GIRARD.

Manéthon, qui était lui-même prêtre égyptien et garde des archives sacrées, fort instruit d'ailleurs dans les lettres grecques, a écrit une histoire des Egyptiens qu'il a tirée, dit-il, des écrits de Mercure ou des anciens mémoires conservés dans les temples. Son ouvrage fut composé sous le règne et par ordre de Ptolémée Philadelphe, vers l'an 130 avant Jésus-Christ.

Lui aussi parle de l'antiquité de l'Egypte, et il énumère les noms de rois appartenant à trente dynasties, qui, après les dieux et les demi-dieux, auraient régné sur l'Egypte avant la conquête d'Alexandre.

M. D'HARVILLE.

Quant au nombre d'années que donnaient à l'Egypte les prêtres de Memphis, il est permis de croire, ainsi que le soutient *Plutarque*, que les années n'étaient alors que de quatre mois, ou peut-être même d'un seul.

Pour ce qui regarde les trente dynasties de Manéthon,...

L'ABBÉ MOREAU.

Si elles avaient été successives, elles comporteraient plus de cinq mille ans, ce qui est contraire à l'Ecriture-Sainte

M. D'HARVILLE.

Il faut admettre, comme l'ont fait du reste tous ceux qui ont traité cette matière, que de la même personne on a fait cinq ou six personnages divers, ou que ces rois, au lieu de se succéder, comme le prétend Manéthon, les uns aux autres, ont régné simultanément dans des contrées différentes.

M. GIRARD.

Cette question de l'antiquité de l'Egypte et par cela même du monde, a soulevé de graves discussions entre les savants; vers la fin du siècle dernier surtout, les encyclopédistes en firent une arme pour combattre les livres saints.

L'ABBÉ MOREAU.

Grâce à Dieu, la science elle-même est venue de nos jours rendre hommage à la parole de Moïse et confirmer le texte même de la Genèse.

M. GIRARD.

Cette discussion, est aujourd'hui complètement close, mais elle eût un immense retentissement à la suite de la découverte du Zodiaque de *Dendérah*.

ERNEST.

Qu'appelle-t-on le Zodiaque, mon oncle?

M. GIRARD.

C'est la configuration d'une partie du ciel comprenant les douze constellations que le soleil semble traverser dans sa révolution annuelle. Or, dès les temps anciens, les astronomes ont remarqué qu'il s'opère chaque année un changement, fort minime d'ailleurs, dans la position que le soleil occupe par rapport à ces constellations; c'est ce que l'on appelle *la précession des équinoxes*; ce mouvement uniforme a lieu d'Orient en Occident; c'est-à-dire pour mieux me faire comprendre, que chaque année, au retour de l'équinoxe, le soleil semble avoir avancé vers l'occident, de telle sorte qu'après une période de vingt-six mille ans, il doit se retrouver au même point.

Or le Zodiaque de Dendérah semblait indiquer, au rapport des premiers savants qui l'examinèrent, une époque remontant à plusieurs milliers d'années avant notre ère.

M. LAROQUE.

C'était sans doute une erreur des astronomes?

L'ABBÉ MOREAU.

Peut-être cette fraude extraordinaire avait-elle pour but de donner plus de force à la prétention des Égyptiens au sujet de leur antique origine.

M. D'HARVILLE.

Cela peut être, cependant *Cuvier*, notre grand naturaliste, supposa qu'une grande et subite catastrophe avait fait dévier le point équinoxial.

M. GIRARD.

Un examen plus attentif de ce Zodiaque a mis fin à toutes ces hypothèses ; puisqu'on est arrivé à reconnaitre qu'il avait été construit sous les Ptolémées cent quarante ans avant Jésus-Christ.

M. D'HARVILLE.

On en a trouvé un autre à *Esnch* dans la Haute-Egypte.

M. GIRARD.

La science moderne ne reconnait plus le Zodiaque, qui est sans utilité, et les douze signes qui y sont indiqués ne servent plus qu'à orner les almanachs.

M. LOMBARD.

Vous êtes très savants, messieurs, mais vous oubliez l'heure ; comptez-vous nous faire passer la nuit à vous écouter ?

M. GIRARD.

Vous avez raison, M. Lombard ; les enfants surtout ont besoin de repos.

M. D'HARVILLE.

A demain donc la suite de notre étude historique.

CHAPITRE III.

—

TROISIÈME SOIRÉE.

Rois d'Egypte. — Ménès, fils de Cham, premier roi. — Busiris, fondateur de
Thèbes — Histoire de cette ville, ses monuments : obélisque; sphinx; colosse
de Memnon; tradition grecque sur ce colosse. — Tombeau d'Osymandias,
cercle en or qui le surmontait. — Nécropole. — Le sphinx grec; le sphinx
égyptien. — Comparaison avec les statues modernes : Notre-Dame du Puy,
Saint-Charles Borromée, Vercingétorix, Saint-Pierre. — Osymandias; sa bibliothèque. — Uchoreus, fondateur de Memphis; description de cette ville; temple
de Sérapis. — Mœris, son lac. — Chéops, Képhren, Mycérinus; les pyramides;
leurs dimensions; détails sur leur construction, sur l'intérieur, sur la possibilité
de monter au faîte. — Rois pasteurs ou hycsos. — Abraham en Egypte. —
Joseph. — La terre de Gessen. — Souffrances des Israélites. — Moïse. — Départ
des Israélites.

M. D'HARVILLE.

Nous allons commencer, ainsi que cela a été convenu, une étude
abrégée de l'histoire d'Egypte.

Il est probable que les premières tribus qui s'établirent dans la
vallée du Nil arrivèrent du *Sennaar* sous la conduite du fils de Cham;
semblables aux Bédouins de notre époque, ils étaient nomades et
n'avaient aucune civilisation.

Suivant la plupart des historiens, leur premier roi fut *Ménès* ou
Mesraïm, fils de Cham, venu d'Asie après la folle entreprise de la tour
de Babel. Ce fut, dit-on, le fondateur de *Memphis;* il établit en Egypte
le culte des faux dieux et les cérémonies des sacrifices.

Après lui vint une longue série de rois, la plupart inconnus ; quelques-uns cependant méritent d'être mentionnés à cause des monuments qu'ils ont construits, et dont les ruines imposantes font encore l'admiration des voyageurs.

Commençons par *Busiris* ou *Athotès*, qui fonda la ville de Thèbes, et en fit la capitale de son empire.

ÉDOUARD.

Est-il vrai, mon père, que cette ville avait cent portes ?

M. LAROQUE.

Tout ce que l'on dit de Thèbes me semble fabuleux.

M. GIRARD.

Tout en faisant la part de l'exagération que l'on reproche aux anciens historiens, et en particulier à Hérodote, il est certain que Thèbes a été une des villes les plus remarquables de l'antiquité. Elle était située dans la haute Égypte, à quarante-sept myriamètres du Caire, et fut fondée vingt-quatre siècles environ avant Jésus-Christ.

Ses cent portes, chantées par Homère, sont connues de tous, et lui firent donner le surnom d'*Hécatompyle ;* son enceinte avait quarante-huit kilomètres de circonférence, et d'après l'épitaphe de *Ramsès*, elle pouvait armer sept cent mille soldats ; on a dit qu'il pouvait sortir en même temps, par chacune de ses portes, deux cents chariots et dix mille combattants.

M. D'HARVILLE.

Au commencement de l'ère chrétienne elle avait encore cinq lieues de long, et cependant elle avait été détruite en grande partie, une première fois, par *Cambyse*, qui retira des décombres trois cents talents d'or et deux mille trois cents talents d'argent, qui lui servirent à décorer les villes de *Suze* et de *Persépolis*.

ERNEST.

Quelle était la valeur de ces monnaies ?

M. D'HARVILLE.

Le talent d'argent valait environ cinq mille cinq cents francs, et le talent d'or dix fois plus, ce qui porte la valeur de ces dépôts à plus de *vingt-neuf millions*.

M. GIRARD.

Et à bien davantage encore, si l'on tient compte des temps et de la rareté du numéraire à cette époque.

M. D'HARVILLE.

Ptolomée Lalyrus et *Cornélius Gallus* la saccagèrent de nouveau, et au temps de Strabon, qui vivait soixante ans avant Jésus-Christ, elle n'offrait, dit-il, que des débris de sa splendeur passée.

L'ABBÉ MOREAU.

Ainsi va le monde !

M. GIRARD.

Qu'était-ce donc autrefois que cette cité quand nous lisons ce passage dans les mémoires de l'Institut d'Égypte :

Thèbes, bouleversée par tant de révolutions; *Thèbes*, maintenant déserte, remplit encore d'étonnement ceux qui ont vu les antiques merveilles de Rome et d'Athènes; Thèbes, à l'aspect de laquelle nos armées victorieuses s'arrêtèrent spontanément en poussant un cri unanime de surprise et d'admiration; Thèbes, célébrée par Homère, et de son temps la plus belle ville du monde, après vingt-quatre siècles de dévastation, en est encore la plus étonnante. On se croit dans un songe quand on contemple l'immensité de ses ruines, la grandeur, la majesté de ses édifices, et les restes innombrables de sa magnificence.

M. D'HARVILLE.

Tel est l'effet qu'elle produit encore sur le voyageur, tel est l'effet qu'elle a produit sur moi-même.

M. LAROQUE.

Cette ville est-elle aujourd'hui complètement inhabitée ?

M. D'HARVILLE.

Cinq villages s'élèvent au milieu de ces ruines imposantes : *Mad-Amou, Karnak, Louqsor*, sur la rive droite du Nil ; *Medineh-Abou* et *Gournak*, sur la rive gauche. Je vais essayer de vous donner quelques détails sur les antiques monuments que l'on y voit encore, et qui résisteront au travail de bien des siècles par la pesanteur de leur masse et la solidité des matériaux qui les composent.

On voit à Louqsor un palais qui fut construit, dit-on, par *Ramsès, Aménophis* et *Sésostris*, avec un immense péristyle de deux cents colonnes ayant trois mètres de diamètre ; quatre colosses de quatorze mètres de hauteur ; deux obélisques en granit rose, dont l'un de vingt-quatre mètres, est aujourd'hui sur la place de la Concorde, à Paris ; vous avez tous pu l'y voir.

M. LOMBARD.

Excepté moi, qui, vous le savez, n'ai jamais fait ce voyage ; expliquez-moi donc ce que c'est qu'un obélisque.

M. D'HARVILLE

On donne ce nom à une espèce de monuments particuliers à l'Egypte, consistant en un pilier oblong, carré et toujours *monolithe*, c'est-à-dire composé d'une seule pierre, et se terminant en pointe. Il est couvert d'inscriptions hiéroglyphiques.

M. LOMBARD.

Dans quel but a-t-on construit ces monuments singuliers ?

M. D'HARVILLE.

Comme la pyramide, l'obélisque appartient au culte des morts ; le plus ancien que l'on connaisse fut trouvé à Memphis, dans un tombeau de la cinquième dynastie.

Le palais de Karnak, à en juger par ses immenses ruines, était le plus vaste monument du monde ; on y voit le plus grand des *obélisques*, qui mesure près de trente mètres ; une magnifique salle de cent cinquante-mètres de long sur cinquante-deux de large, soutenue par cent trente-quatre colonnes de vingt-trois mètres ; une avenue d'obélisques de vingt-deux mètres, et la célèbre chambre dite *des ancêtres*, couverte de sculptures et d'inscriptions ; une autre avenue de deux mille mètres garnie de six cents *sphinx* d'une grandeur colossale, conduisant à un temple consacré au dieu *Chus ;* le *Memnonium*, ancien palais d'*Aménophis III*, long de six cents mètres, avec dix-huit colosses assis, hauts de vingt mètres, dont l'un, appelé *Memnon*, passait pour rendre des sons harmonieux au lever du soleil.

CHARLES.

Cette tradition n'est-elle point fabuleuse ?

M. LAROQUE.

Évidemment.

M. D'HARVILLE.

Elle ne l'est pas entièrement, comme on pourrait le croire ; en effet, la pierre dont se compose ces statues est un silex extrêmement dur et cassant ; il en résulte que de tout temps il s'en fendille de plus ou moins grandes parcelles lors du changement de température, qui a lieu au moment où le soleil se lève ; de telle sorte qu'aujourd'hui la statue est couverte de rugosités plus ou moins plates ou profondes. C'est ce fendillement qui produit un son semblable à la vibration d'une corde ; et les Grecs, avec leur imagination toujours si poétique, ont cru entendre la voix du jeune Memnon, mort avant l'âge, et qui chaque matin salue sa mère *Eros*.

Ce n'est pas tout. Dans la plaine de Thèbes se trouve encore le tombeau d'Osymandias; il était d'une valeur fabuleuse, et surmonté, dit-on, autrefois d'un cercle astronomique, en or, de soixante-cinq mètres de diamètre sur trente-deux centimètres d'épaisseur.

M. GIRARD.

Ce qui est complètement invraisemblable, car la valeur de ce cercle aurait été de près de deux milliards.

M. D'HARVILLE.

Diodore, qui nous décrit ce cercle, n'en parle que d'après le récit des prêtres égyptiens, attendu qu'il avait été détruit cinq siècles auparavant par Cambyse.

Enfin, mentionnons encore la *Nécropole*, où se trouvaient les tombeaux des riches habitants de Thèbes.

M. GIRARD.

Cette nécropole a fourni aux musées européens une foule d'objets anciens qui donnent une idée des arts pratiques de cette époque.

M. D'HARVILLE.

Ces tombeaux, après avoir servi de retraites aux anachorètes de la Thébaïde durant les premiers siècles de notre ère, sont aujourd'hui le refuge de misérables paysans qui trafiquent de ces précieux débris de l'antiquité profane et de l'antiquité chrétienne.

Ajoutons que ces débris sont peu à peu enfouis sous le limon du Nil, comme tous les monuments qui se trouvent situés sur les bords de ce fleuve ou dans la partie de la vallée que recouvre l'inondation.

ÉDOUARD.

Le colosse de Memnon était-il bien grand, mon papa?

M. D'HARVILLE.

Quoiqu'elle soit enfouie dans le sable, ainsi que je viens de le dire, de plus de trois mètres, cette énorme statue domine encore la surface de la plaine de Thèbes ; sa hauteur est de quinze mètres, sans y comprendre la base et l'ornement qu'elle portait sur la tête, de telle sorte qu'elle s'élevait, dans son état primitif, à plus de vingt-quatre mètres au-dessus du sol.

ERNEST.

Vous nous avez parlé des *sphinx*; voulez-vous nous donner quelques explications sur ces monuments?

M. D'HARVILLE.

Volontiers; la statue du *sphinx*, ou plutôt de la *sphinx*, monstre à corps de lion avec une tête et un buste d'homme ou de femme, était, en Égypte, le symbole du roi.

CHARLES.

N'est-ce donc point le monstre dont il est question dans la mytholologie grecque, *ayant la tête et la poitrine d'une femme, le corps d'un chien, les griffes d'un lion et les ailes d'un aigle*, et qui proposait aux passants une énigme qu'*Œdipe* seul parvint à résoudre?

M. D'HARVILLE.

Non; comme je viens de le dire, les sphinx d'Égypte étaient le symbole du roi, ou quelquefois de la reine; on les plaçait à l'entrée des temples, et elles formaient des allées tout entières conduisant à ces temples. La plus grande est celle qui se trouve près de Memphis, à quatre cents mètres environ de la deuxième pyramide de *Gizeh*. Ce colosse, qui est taillé dans un rocher gigantesque, est mutilé en partie; mais Pline, qui le mesura, affirme qu'elle n'avait pas moins de vingt-sept mètres de hauteur à la partie antérieure, c'est-à-dire seulement pour la tête et la poitrine ; il ajoute que le corps avait cent quarante-trois pieds de long. Un escalier placé entre les pieds de devant du co-

Voy. à l'isthme de Suez   4

losse, conduisait à un temple pratiqué dans ses flancs. Cette grande figure mutilée, a dit *M. Ampère*, est d'un effet saisissant ; c'est comme une apparition éternelle. Le fantôme de pierre paraît attentif. On dirait qu'il écoute et qu'il regarde. Sa grande oreille semble recueillir les bruits du passé ; ses yeux, tournés vers l'orient, semblent épier l'avenir ; le regard a une profondeur et une vérité qui fascinent le specta.. ».

L'ABBÉ MOREAU

En vérité, ces énormes dimensions semblent fabuleuses, et dépassent tout ce que l'imagination pourrait concevoir.

M. D'HARVILLE.

Rien n'est plus vrai, cependant, mon cher ami ; j'ai vu moi-même cette statue : la tête seule a neuf mètres de hauteur, et la distance de l'oreille au menton est de cinq mètres.

M. GIRARD.

Les sculpteurs de l'époque moderne n'ont point donné à leurs statues de semblables dimensions, et l'on en cite à peine quelques-unes qui dépassent les proportions ordinaires.

L'ABBÉ MOREAU.

La statue de Notre-Dame de France, érigée en 1860 sur le rocher de Corneille, près de la ville du Puy, en Velay, en l'honneur de l'Immaculée-Conception, est probablement une des plus grandes que l'on puisse voir en Europe ; elle a seize mètres de hauteur, ou vingt-quatre avec le socle.

M. LAROQUE.

N'a-t-elle pas été fondue avec les canons pris à Sébastopol ?

M GIRARD.

Oui, mon ami ; j'ai vu aux îles Borromées, en Italie, celle que l'on éleva, vers la fin du XVIIe siècle, à saint Charles ; elle est plus grande

que celle du Puy, car elle a vingt-trois mètres de hauteur, sur un pié-
destal de quinze mètres.

M. D'HARVILLE.

On cite encore, parmi les grandes œuvres de l'art moderne, celle
que l'empereur Napoléon III a fait élever à Alesia, en l'honneur de
Vercingétorix, le dernier des Gaulois, qui osa résister aux légions
romaines commandées par César.

M. GIRARD.

Celle de saint Pierre, dans l'église de ce nom, à Rome, est aussi
très grande, et surtout présente d'admirables proportions ; mais pas
une n'approche, par ses dimensions, des colosses dont nous venons de
parler.

L'ABBÉ MOREAU.

De quelles forces disposaient donc les Pharaons ? quelles machines
employaient-ils pour soulever ces masses gigantesques de granit ?

M. D'HARVILLE.

Nous reviendrons sur ce sujet un peu plus tard ; permettez-moi, mon
cher ami, de reprendre la suite de notre aperçu historique en rappelant seulement les noms les plus célèbres parmi les rois de l'Égypte,
sans m'assujétir cependant à l'ordre chronologique, l'époque où ils ont
vécu étant d'ailleurs fort incertaine.

Je citerai d'abord *Osymandias*, dont le nom a été déjà mentionné ;
à la suite d'une expédition en Asie, ce prince fit construire plusieurs
magnifiques édifices ; son palais, dont l'historien Diodore nous a laissé
la description, était orné de sculptures et de peintures admirables ;
il s'y trouvait une immense bibliothèque, avec les statues de tous les
dieux, et cette inscription à l'entrée : *Trésor des remèdes de l'âme* ;
nous avons déjà parlé de son tombeau.

Uchoreus fut, suivant quelques historiens, fondateur de *Memphis*.

M. GIRARD.

Nous avons vu que d'autres l'attribuent à Menès.

M. D'HARVILLE.

Cette ville avait dix kilomètres de long ; elle était située à la pointe du Delta ; c'est-à-dire au point où le Nil se partageait en sept branches. Les rois qui y établirent leur capitale la protégèrent contre l'inondation du Nil et les attaques des ennemis par des fossés profonds et de fortes chaussées.

M. GIRARD.

Vers 1850, M. Mariette a fait faire des fouilles sur l'emplacement de cette ville complètement détruite ; il y a découvert un temple du sérapeum ou de sérapis, qui renfermait, creusés dans le roc, les tombeaux des Apis, au nombre de plus de cent ; ce temple était précédé d'une avenue de six cents sphinx, et dans un hémicycle qui terminait cette avenue on trouvait les statues d'Homère, de Platon, d'Aristote, de Solon, de Pythagore, d'Euripide, d'Eschyle, de Lycurgue et de Pindare. Cette ville tomba en ruines après la conquête des Arabes.

L'ABBÉ MOREAU.

C'est dans cette ville célèbre qu'a vécu Joseph et qu'est né Moïse, suivant la Genèse.

M. D'HARVILLE.

Nous allons bientôt arriver à leur époque si intéressante.

Un des successeurs d'Uchoreus portait le nom de Mœris ; il régna sur l'Egypte vers le xviiie siècle avant Jésus-Christ ; il fit creuser un lac qui porte son nom, dans lequel on conduisait les eaux provenant de l'inondation du Nil ; ces eaux servaient ensuite à arroser les environs de Memphis dans les périodes de sécheresse.

M. GIRARD.

On voit au musée de Turin une statue colossale de ce roi ; elle est en granit noir à taches blanches.

M. D'HARVILLE.

Ce même roi fit graver en Nubie, sur les rochers de *Sennch*, des in-
dication visibles encore des points extrêmes de l'élévation des eaux du
Nil. Quelques historiens attribuent aussi à ce roi l'invention de la
géométrie.

Plusieurs siècles auparavant, *Chéops*, *Képhrem* et *Mycérinus*
s'étaient succédé sur le trône d'Egypte ; les historiens en parlent
comme de princes impies et cruels : ce sont eux qui, pour immorta-
liser leurs noms et donner à leurs dépouilles un asile inviolable, firent
construire les trois grandes pyramides qui portent leurs noms

M. LAROQUE.

Vous allez, j'espère, nous donner quelques détails sur ces monuments, au pied desquels l'armée française remporta, à la fin du siècle
dernier, une de ses plus glorieuses victoires.

M. D'HARVILLE.

Les pyramides servaient, en Egypte, aux sépultures des rois, et
elles s'y rencontrent en assez grand nombre ; les plus remarquables,
du reste, sont celles dont nous venons de parler. Elles ont un carré
pour base, et se terminent presque en pointe.

La plus grande, celle de *Chéops*, a environ deux cent quarante
mètres de côté à la base, et sa hauteur verticale est de cent cinquante
mètres, c'est-à-dire qu'elle a quatre-vingts mètres de plus d'élévation
que l'église Notre-Dame ; enfin la plate-forme qui la termine a six
mètres de chaque côté.

Mᵐᵉ GIRARD.

Quelle masse effrayante ! et quel effet cela doit produire au milieu
du désert !

M. D'HARVILLE.

Pour se rendre aux pyramides, qu'on aperçoit à droite, du haut de
la citadelle du Caire, il faut franchir le Nil et traverser le village de

Gizeh, aujourd'hui presque en ruines, et qui était encore une ville florissante il y a trois siècles. De loin elles produisent peu d'effet, et l'on est tenté de crier : Comment ! ce n'est que cela ? Mais à mesure qu'on s'en approche, elles grandissent et prennent des proportions immenses, et quand on arrive à leur base, on est comme atterré, foudroyé, anéanti d'étonnement.

M. GIRARD.

On a calculé que le poids de la grande pyramide était de six millions de tonneaux, ou de six milliards de kilogrammes.

Hérodote rapporte que Chéops avait mis trente ans à construire la grande pyramide, et qu'il y fut employé à la fois trois cent soixante-dix mille ouvriers.

M. D'HARVILLE.

Il y a, comme dans la plupart des récits de cet historien, un peu d'exagération dans ces détails.

M. GIRARD.

Sans doute ; il ajoute qu'une inscription hiéroglyphique qu'il se fit expliquer constatait que la nourriture des ouvriers, en oignons ou légumes seulement, avait dû représenter cinq millions de francs.

M. LAROQUE.

Les Egyptiens étaient donc de terribles amateurs d'oignons ?

M. D'HARVILLE.

Il est probable qu'ils mangeaient autre chose ; et l'on peut juger par ce seul article de ce qu'a pû coûter cette construction.

M. GIRARD.

Quelles misères, quels efforts une pareille entreprise ne suppose-t-elle pas ?

M. D'HARVILLE.

Surtout à cette époque où ce n'était qu'à force de bras que l'on pouvait transporter des blocs de granit ayant jusqu'à dix mètres de long, et venant de deux cents lieues au moins ; car la pierre employée venait de *Silsileh*, dans la haute Egypte.

M. LOMBARD.

Le transport à force de bras se conçoit jusqu'à un certain point, mais comment élevaient-ils de semblables masses à des hauteurs aussi considérables ?

M. D'HARVILLE.

Cela semble, en effet, presque impossible, les Egyptiens étant fort peu avancés en mécanique, et ne connaissant d'autres machines que le levier et le plan incliné. Aussi Pline affirme-t-il que cent-vingt mille hommes furent employés pour dresser un des obélisques de Thèbes.

ERNEST.

Les autres pyramides sont-elles aussi élevées ?

M. D'HARVILLE.

Non ; celle de *Képhrem* n'a que cent vingt-deux mètres de hauteur, et celle de *Mycérinus*, soixante-sept seulement.

AUGUSTE.

Peut-on pénétrer dans les pyramides ?

M. D'HARVILLE

Oui, mon ami ; l'entrée est cachée par un revêtement extérieur ; à l'intérieur on trouve des couloirs communiquant avec des souterrains creusés dans le roc, où se trouvaient sans doute les tombeaux des Pharaons. Les murailles en étaient revêtues de statues et couvertes de sujets religieux et d'inscriptions hiéroglyphiques qui ont disparu complètement. C'est regrettable ; car ces inscriptions auraient pu éclairer divers points historiques.

Mme GIRARD.

On jouirait sans doute d'une vue magnifique si l'on pouvait monter sur le sommet des pyramides ?

M. D'HARVILLE.

Bien qu'elle soit un peu dangereuse, surtout pour les personnes sujettes au vertige, cette ascension n'est pas impossible, car les assises de pierre sont en retraite les unes sur les autres, ce qui forme une espèce d'escalier aussi raide qu'une échelle de moulin.

On compte deux cent trois assises ou marches, ayant chacune de deux à quatre pieds de hauteur; vous comprenez donc que l'escalade n'en est pas facile. Je l'ai cependant moi-même exécutée avec l'aide de deux Arabes habitués à ce genre d'exercice, et qui, pour un modique pour-boire, offrent de monter et de redescendre en six minutes; je me suis donc assis au sommet de la grande pyramide; de cette hauteur on domine toute la plaine; au midi et à l'ouest c'est le désert sans bornes; au nord et à l'est, c'est le Delta, le Nil et le Caire dans le fond.

La descente est plus dangereuse encore que l'ascension, et je fus témoin ce jour-là même de la chute de l'un de ces Arabes, qui fut précipité presqu'à mes pieds au moment où je touchais la terre ferme, non sans une vive satisfaction.

Mme GIRARD.

Ah! grand Dieu! quel horrible accident!

M. LOMBARD.

Ce spectacle vous a sans doute vivement impressionné?

M. D'HARVILLE.

Vous pouvez le croire; j'en ai été malade durant plusieurs jours. Mais reprenons notre étude.

Vers le xxe siècle avant Jésus-Christ, l'Egypte fut envahie par une horde d'étrangers, Arabes ou Phéniciens, qui, arrivant par l'isthme de Suez, s'emparèrent du Delta et de Memphis; mais ils ne purent se rendre maîtres de la haute Egypte, et le royaume de Thèbes continua de subsister. Ces étrangers furent appelés *rois pasteurs* ou

Ayesos. C'est sous un de leurs rois ou *Pharaons* que le patriarche Abraham et Sara, sa femme, vinrent en Egypte, où ils coururent de grands dangers.

Pourriez-vous nous dire si le nom de *Pharaon*, que l'Ecriture donne aux rois d'Egypte, était un nom propre ou un terme générique?

Les rois d'Egypte sont, en effet, appelés Pharaons dans l'ancien Testament; et l'on pense que ce terme vient d'un mot égyptien qui signifie soleil ou roi. Cependant on ne peut rien affirmer à cet égard.

Les rois pasteurs régnèrent dans la basse Egypte pendant près de trois siècles, et furent chassés par *Thethmosis* ou *Amosis*.

C'est vers le milieu du XIXᵉ siècle que Joseph fut vendu par ses frères à des marchands ismaélites qui l'emmenèrent en Egypte et le revendirent à Putiphar, officier ou ministre du roi; vous savez tous que le fils de Jacob, faussement accusé par la femme de Putiphar, fut jeté en prison, et, à la suite d'événements merveilleux, élevé à la première place du royaume.

Je ne m'arrêterai pas sur cette histoire intéressante, où la main de Dieu se manifeste visiblement à chaque pas. Je rappellerai seulement que Trogue-Pompée, historien qui vivait au temps d'Auguste, remarque que Joseph, enfant de Jacob, ayant été vendu par ses frères à des marchands étrangers, avait reçu du ciel l'intelligence des songes et la connaissance de l'avenir, qu'il sauva, par sa rare prudence, la terre d'Egypte de la famine qui la menaçait, et fut extrêmement considéré du roi.

Vous savez aussi qu'au temps de cette famine Jacob passa en Egypte avec toute sa famille, et s'établit dans la terre de *Gessen*, que lui donna le Pharaon. On n'est pas entièrement fixé sur l'arrivée des

Hébreux en Egypte : mais il est probable qu'elle suivit de près l'expulsion des *hycsos*.

L'opinion la plus vraisemblable, c'est que le Pharaon qui éleva Joseph au rang de son ministre était un des *Thoutmosis*.

L'ABBÉ MOREAU.

Connaît-on exactement où était située la terre de *Gessen ?*

M. D'HARVILLE.

Oui, cette position est bien définie; la vallée de Gessen s'étendait du Nil à la mer Rouge; *Bubastis, Tanis* et la pointe nord de cette mer en formaient les trois sommets. Cette contrée devait être très fertile, puisqu'en deux cents ans la population des Hébreux s'y accrut au point d'inquiéter les Pharaons. Elle était arrosée par un canal dérivé du Nil, et le trop plein de ses eaux se déversait, à l'époque de la crue, dans une vaste dépression de terrain située vers ce point de l'isthme de Suez que l'on appelle lac Timsah.

Aujourd'hui ce canal d'irrigation a disparu complètement dans les sables, et la vallée de Gessen ou *vallée des pâturages* est inculte et déserte; mais elle reprendra dans peu d'années son ancien aspect; car elle se trouve traversée par un nouveau canal qui conduit l'eau du Nil jusqu'à la ville de Suez, et dont j'aurai l'occasion de vous parler.

Jacob s'établit donc dans cette vallée avec toute sa famille, qui fut toujours bien traitée par les Egyptiens tant que dura le souvenir des services que Joseph leur avait rendus.

Mais un nouveau Pharaon, nommé *Ramessès-Miamoun*, et que les historiens croient être *Sésostris*, fit souffrir aux Israélites des maux sans nombre; il établit, dit l'Ecriture, des intendants des ouvrages, afin qu'ils accablassent les Hébreux de fardeaux *insupportables...* C'est ainsi qu'ils bâtirent pour Pharaon les villes de *Pithom* de *Ramessès* et de *Hon.*

L'ABBÉ MOREAU.

Ces villes existent-elles encore?

M. D'HARVILLE.

La ville de *Hon* n'est autre qu'*Héliopolis*, ou ville du soleil ; elle était située près de Memphis, et dans un temple magnifique, dont les ruines se voient encore : le soleil était adoré sous la forme du bœuf *Alnévis*.

Ramsès, qui portait le nom du Pharaon, était à peu près au centre de la vallée de Gessen, sur le bord du canal dont je vous ai parlé. On y a trouvé un monolithe en granit rouge, ayant la forme d'un siège, sur lequel sont assises trois divinités, *Isis*, *Osiris* et *Horus*.

Quant à Pithom, on n'est point fixé sur sa position. On suppose cependant qu'elle était située sur les bords de la mer Rouge ; mais l'on n'a jusqu'ici trouvé aucun vestige de cette ville, qui cependant a joué un rôle important dans l'histoire, sous le nom d'*Hroopolis*.

Ce fut sous le règne d'*Aménophis* ou *Phéron*, fils de *Sésostris*, que Dieu, prenant en pitié les maux de son peuple, lui suscita un sauveur dans la personne de *Moïse*, fils d'*Hamran*, descendant de Lévi.

Vous savez que le Pharaon, effrayé de l'accroissement de la population des Israélites, ordonna, ainsi que devait le faire, dix-sept siècles plus tard, le roi de Judée, Hérode, que tous les enfants mâles qui naîtraient de ce peuple fussent jetés au Nil.

Vous savez aussi que Jokabed, mère de Moïse, tenta de le soustraire pendant plusieurs semaines à toutes les recherches, et que, désespérant de le cacher plus longtemps, elle l'exposa dans un panier de jonc sur les bords du Nil.

L'ABBÉ MOREAU.

C'était près de Memphis, capitale de l'Égypte, puisque Moïse fut sauvé par la fille de Pharaon, qui était venue se baigner dans le Nil

M. D'HARVILLE.

Il est possible, et c'est du moins ce qu'a pensé M. de Lesseps, que Moïse n'ait pas été exposé près de Memphis, ainsi que l'ont affirmé les anciens historiens ; en effet, près de cette ville le Nil est très profond et très rapide, et jamais une mère n'aurait exposé son fils là où le courant l'aurait emporté. Il semble plus probable que ce fut dans une branche du Nil, près du lac *Menzaleh,* devant l'ancienne ville de *Tsan,* voisine de la vallée de Gessen ; cette ville était, d'après la découverte de M. Mariette, la résidence des rois pasteurs, et c'est peut-être sous l'un de ces rois que se passèrent les événements que nous racontons. L'on voit, en effet, sur les bords de cette branche du Nil, la branche *Tanitique* qui portait et porte encore le nom de Nil, comme toutes les branches de ce fleuve, de nombreux roseaux ; c'est là sans doute que le berceau de Moïse a été arrêté, ainsi que le dit la Bible, dont les descriptions sont toujours parfaitement exactes.

Du reste, elle raconte les visites que Moïse et son frère Aaron faisaient fréquemment dans le palais du roi, et dans notre hypothèse, ils pouvaient s'y rendre facilement, car pour aller du désert à *Tsan* ils n'avaient qu'une journée de marche, tandis que pour aller à Memphis il leur aurait fallu trois ou quatre jours.

Je n'entreprendrai pas de vous raconter les événements miraculeux qui amenèrent le Pharaon à consentir au départ des Israélites, événements que les saintes Écritures ont rapportés en détail, et que vous connaissez tous depuis votre enfance ; je vous dirai seulement quelques mots de ce voyage entrepris par l'ordre de Dieu, de ce voyage où Dieu lui-même servit de guide à son peuple.

L'ABBÉ MOREAU.

voici ce que dit la Bible : Et le Seigneur marchait devant eux pour leur montrer le chemin, paraissant durant le jour en une colonne de nuée, et pendant la nuit en une colonne de feu pour lui servir de guide le jour et la nuit ; jamais la colonne de nuée ne cessa de paraître devant le peuple pendant le jour, ni la colonne de feu pendant la nuit.

M. D'HARVILLE.

Tel est, en effet, le texte de l'Exode ; et Moïse a pris soin de raconter ce voyage d'émigration avec les détails les plus précis.

La ville de Ramsès, dont nous avons déjà parlé, fut le lieu du départ des descendants de Jacob ; leur route naturelle, pour se diriger vers la terre promise, était dans la direction du nord ; mais ils prirent, toujours par l'ordre de Dieu, un chemin tout opposé, et tournèrent au sud, vers le désert Sinaïtique. L'abbé Moreau nous dira que Moïse lui-même a expliqué cette manœuvre, qui semble étrange.

L'ABBÉ MOREAU.

Dieu, dit Moïse, ne les conduisit point par le chemin du pays des Philistins, qui est voisin, de peur qu'ils ne vinssent à se repentir s'ils voyaient s'élever des guerres contre eux, et qu'ils ne se retirassent en Egypte. Mais il leur fit faire un circuit par le chemin du désert, qui est près de la mer Rouge.

M. D'HARVILLE.

En outre, si les Hébreux avaient pris la route la plus directe, ils auraient pu se trouver enveloppés entre les armées égyptiennes parties des villes de *Tanis*, d'*Avars* et d'*Héroopolis* ; par le désert ils avaient le temps de dérober leur marche à leurs ennemis.

Les Hébreux se dirigèrent donc vers la mer Rouge, en passant par *Socoth* et *Etham*, puis ils revinrent sur leurs pas entre *Magdal* et la mer vers *Pi-Hahiroth*, et arrivèrent en face de *Bahaltséphon*, qui était sur la rive opposée.

Le lieu du passage de la mer Rouge est indiqué par les noms des localités mentionnées dans la Bible. En effet, *Socoth* signifie tente, et ce lieu est appelé par les Arabes *Oumriam*, ou *mère des tentes* ; *Etham* n'a pas changé de nom : *Pi-Hahiroth* signifie base des roseaux, et les Arabes lui donnent un nom qui a le même sens.

Ce fut donc là qu'à la prière de Moïse, imposant sa baguette sur les eaux, un vent impétueux, se levant de l'orient, mit la mer à sec, laissant un libre passage au peuple de Dieu, que poursuivait Pharaon avec une armée de quinze mille hommes et six cents chariots de guerre ; les Israélites passèrent donc sans danger entre les vagues amoncelés des deux côtés, et lorsque les Egyptiens voulurent les suivre, les flots reprirent leur cours naturel, et tous furent ensevelis sans qu'il en pût échapper un seul.

M. GIRARD.

Le point où s'effectua ce mémorable passage n'est-il pas situé dans la partie de l'isthme que la mer Rouge a cessé de couvrir ?

M. D'HARVILLE.

Cela paraît vraisemblable.

M. GIRARD.

N'a-t-on point découvert quelques vestiges ou quelques débris de cette immense catastrophe en creusant le canal .

M. D'HARVILLE.

Non ; le lac Timsan et les lacs amers, ayant une profondeur suffisante pour recevoir les eaux du nouveau canal, n'ont point été fouillés, et ces débris, s'ils ont résisté à l'action des siècles, sont profondément enfouis sous la vase et la couche de sel que la mer a laissées en se retirant. Mais lorsque cette couche de sel sera dissoute, et que la vase se sera ramollie sous l'action des eaux, ces antiques débris d'un autre âge se trouveront sans doute à découvert et viendront confirmer le récit de Moïse et rendre hommage à la vérité des saintes Ecritures.

M. GIRARD.

Diodore de Sicile, célèbre historien, mentionne, à propos de la mer Rouge , une chose digne de remarque. Il parle d'une tradition conservée en Egypte depuis plusieurs siècles, portant que, par un reflux extraordinaire, la mer s'était trouvée, à une époque ancienne, entièrement desséchée, en sorte qu'on en voyait le fond, et que bientôt après, les eaux, par un flux violent, avaient repris leur première place.

L'ABBÉ MOREAU.

Cette tradition n'est évidemment que le souvenir du passage miraculeux dont nous venons de parler : mais ce renseignement, fourni par un auteur païen qui, sans aucun doute, ne connaissait point les saints Livres, me semble en vérité, fort précieux.

M. D'HARVILLE.

J'aurais voulu, ce soir, suivre les premiers pas de Moïse dans le désert ; mais je m'aperçois qu'il est temps de nous séparer ; nous renverrons donc à demain cette excursion au-delà de la mer Rouge.

CHAPITRE IV

—

QUATRIÈME SOIRÉE.

M. D'HARVILLE.

Il n'entre pas dans notre plan d'étude de suivre les Israélites après leur sortie d'Egypte; cependant je vous dirai quelques mots des localités qu'ils traversèrent, et qui sont mentionnées dans l'Ecriture-Sainte ; ces détails ne sont pas sans importance, car ils confirment ce que nous avons dit sur ce voyage intéressant, et sur le point de la mer Rouge où fut effectué le passage du peuple de Dieu. L'abbé Moreau nous rappellera d'abord le récit de Moïse après la destruction de l'armée de Pharaon.

L'ABBÉ MOREAU.

Voici ce que dit l'Exode; après que Moïse eut fait partir les Israélites de la mer Rouge, ils entrèrent au désert de *Sur* et ayant marché trois jours dans la solitude, ils ne trouvèrent point d'eau. Ils arrivèrent à *Mara* et ils ne pouvaient point boire des eaux de Mara, parce qu'elles étaient amères; c'est pourquoi on les appela *Mara*, c'est-à-dire amertume.

Alors le peuple murmura contre Moïse en disant : Que boirons-nous? Mais Moïse cria au Seigneur, lequel lui montra un certain bois qu'il jeta dans les eaux, et les eaux, *d'amères qu'elles étaient*, devinrent douces.

M. D'HARVILLE.

La source de Mara est amère comme elle l'était autrefois; et les Arabes l'adoucissent par le moyen que Dieu indiqua à Moïse, en jetant dans cette eau une espèce de plante qui croit aux environs du puits; ils lui enlèvent son goût salé et la rendent propre à la boisson.

L'Exode nous dit ensuite que les enfants d'Israël vinrent à *Elim* où il y avait douze fontaines et soixante-dix palmiers.

Ces douze sources sont encore visibles, et les soixante-dix palmiers existent encore.

Au sein de ce désert si grand par ses souvenirs, que n'a point encore transformé la civilisation moderne, et qui se présente à nos yeux tel qu'il apparut à ceux des patriarches, tout vient donc confirmer le récit du saint historien; tout nous démontre que ce récit fut en entier et jusque dans les moindres détails inspiré par Dieu lui-même.

Nous allons maintenant rentrer en Egypte, pour reprendre la suite des rois ou Pharaons qui méritent d'être mentionnés.

AUGUSTE.

Permettez-moi une question : en parlant du peuple de Dieu, vous avez tour-à-tour employé le nom d'Hébreux ou celui d'Israélites; apprenez-moi d'où proviennent ces deux noms?

M. D'HARVILLE.

Volontiers, mais l'abbé Moreau vous répondra là-dessus mieux que je ne saurais le faire.

L'ABBÉ MOREAU

Le nom d'*Hébreux* vient d'*Héber*, qui était arrière-petit-fils de *Sem*; quant à *Israël*, qui signifie fort, ce nom fut donné à Jacob par Dieu lui-même après que ce patriarche eût lutté contre un ange.

M. GIRARD

Les célèbres fontaines d'Elim dont vous venez de parler me rappellent un épisode de l'expédition d'Egypte que je puis vous raconter; c'est en revenant de les visiter que le général Bonaparte faillit périr dans la mer Rouge.

Voici comment le raconte dans ses mémoires le comte de Rovigo :

Bonaparte faillit périr presque au même lieu où avait été engloutie l'armée de Pharaon. La mer était basse, et après quelque temps on s'égara. La nuit était venue, on ne savait de quel côté on marchait; les flots commençaient à monter, et les cavaliers qui étaient en tête crièrent que leurs chevaux nageaient. Bonaparte sauva tout le monde par un de ces moyens qui paraissent très simples, mais que trouve seulement un esprit qui ne s'étonne de rien. Il s'établit le centre d'un cercle et fit ranger autour de lui, sur plusieurs hommes de profondeur, tous ceux qui partageaient le danger avec lui, et en numérotant tous ceux qui composaient le premier cercle en dehors. Il les fit ensuit marcher en avant, en suivant chacun la direction dans laquelle il étaient, et en les faisant suivre successivement par d'autres cavaliers à dix pas de distance dans la même direction. Lorsque le cheval de l'homme qui était en tête de ces colonnes perdait pied, c'est-à-dire qu'il nageait, Bonaparte le rappelait sur le centre ainsi que tous ceux qui le suivaient, et il leur faisait reprendre la direction d'une autre colonne à la tête de laquelle on n'avait pas encore perdu pied... On retrouva ainsi le bon chemin, et l'on arriva à Suez à minuit, ayant de l'eau jusqu'au poitrail des chevaux, et dans cette partie de la côte la marée monte à vingt-deux pieds. On avait été fort inquiet de ne pas le voir arriver avant l'heure de la marée, et lui-même s'estima fort heureux de s'en être tiré ainsi.

L'ABBÉ MOREAU.

N'est-il donc resté en Egypte aucun souvenir du voyage que fit Notre-Seigneur Jésus-Christ avec Joseph et sa sainte Mère, lorsqu'ils fuyaient la persécution d'Hérode.

M. D'HARVILLE

Fort peu ; cependant non loin du lac Timsah, les Arabes montrent la place où, suivant eux, s'arrêtèrent Joseph, Marie et l'Enfant Jésus ; et c'est ainsi, dit M. de Lesseps, que Jésus enfant séjourna près de l'endroit où Moïse avait été sauvé des eaux.

En parlant des Israélites, nous avons mentionné le nom de *Sésostris* ; je vais à présent vous dire quelques mots de ce roi qui fut non-seulement l'un des plus célèbres qui aient régné en Egypte, mais encore l'un des plus grands conquérants de l'antiquité.

Suivant Diodore de Sicile, ce prince avait été merveilleusement préparé par son éducation à ce rôle de conquérant. Son père Aménophis avait appelé près de lui tous les enfants nés le même jour, et lui fit faire avec eux l'apprentissage de la guerre par de rudes exercices et des luttes contre les animaux ou les sauvages habitants du désert.

A la mort de son père, il leva une armée de six cent mille fantassins, vingt-quatre mille cavaliers et vingt-six mille chars de guerre, soumit l'Ethiopie, et pénétra ensuite en Asie, qu'il parcourut en vainqueur jusqu'au Gange à l'ouest et jusqu'au Tanaïs vers le nord. D'après Hérodote, il laissa dans plusieurs pays des monuments de ses victoires, et cet historien dit avoir vu des colonnes sur les quelles était gravée cette inscription : *Sésostris, le roi des rois et le seigneur des seigneurs a conquis ce pays par ses armes.*

Il rentra en Egypte au bout de neuf ans, chargé des dépouilles de tous les peuples vaincus et traînant après lui une multitude de captifs qu'il fit travailler à l'assainissement et à l'embellissement de l'Egypte. Il bâtit des villes, éleva des chaussées, et construisit de nombreux monuments, dont les ruines subsistent encore. On lui attribue les palais de Karnak et les obélisques de Louqsor, dont je vous ai déjà parlé.

Strabon raconte qu'il fit ouvrir un canal faisant communiquer le Nil à la mer Rouge ; mais cette opinion semble peu probable, et les premiers travaux ne furent commencés que plusieurs siècles après le règne de ce prince.

C'est vers cette époque, c'est-à-dire au xvie ou xviie siècle avant Jésus-Christ que les Egyptiens fondèrent au-dehors un grand nombre de colonies, et s'établirent notamment dans la Grèce, sous la conduite de *Cécrops* et de *Danaüs*.

C'est encore vers le même temps que *Cadmus* porta de Syrie en Grèce l'invention des lettres.

M GIRARD.

Suivant quelques auteurs ces lettres étaient les Egyptiennes, et Cadmus lui-même était d'Egypte et non de Phénicie ; mais le savant *Scaliger* affirme que les lettres grecques, et celles de l'alphabet latin qui en ont été formées, tiraient leur origine des anciennes lettres phéniciennes, ou des lettres samaritaines, dont les Juifs se servaient avant la captivité de Babylone.

M. D'HARVILLE

Après le règne de Sésostris l'histoire d'Egypte retombe dans l'obscurité ; mais les prêtres ont placé dans ces ténèbres plusieurs légendes fort curieuses qu'Hérodote nous rapporte avec une singulière bonne foi.

Au nombre de ces légendes, il faut ranger l'histoire de Rhampsinit et de ses immenses trésors.

CHARLES.

Je connais cette histoire qui est fort ancienne et qui semble extraite des *Mille et une nuits*.

M. LOMBARD.

Contez-nous la, Charles ; je suis fort curieux de toutes ces vieilles légendes.

M. LAROQUE.

Et moi aussi: comme Lafontaine je prendrais grand plaisir à entendre les contes de Perrault eux-mêmes si incroyables qu'ils soient.

CHARLES.

Le roi Rhampsinit avait donc de très grandes richesses, et pour les mettre en sûreté, il fit construire un édifice en pierres d'une solidité à toute épreuve.

Mais l'architecte, dans le but de s'en emparer, ménagea fort habilement une secrète ouverture dans une des murailles, et put ainsi s'introduire sans être vu au milieu de ces richesses.

Peu de temps avant sa mort, il confia ce secret à ses deux fils, et leur indiqua les moyens de se rendre maîtres de l'argent du roi.

Ces derniers suivirent exactement les instructions de leur père, et parvinrent en peu de temps à enlever des sommes énormes. Cependant le roi s'aperçut que son trésor diminuait chaque jour et plaça des piéges autour des caisses ou vases qui le renfermait.

Un des jeunes gens s'y trouva pris fort peu de temps après, et voyant qu'il ne pouvait s'échapper appela son frère qui était resté au dehors et le conjura de lui couper la tête, de crainte qu'on ne le reconnût et qu'il ne fut la cause de la perte de tous les siens. Le frère obéit et se retira.

Le jour suivant, le roi étant venu visiter son trésor, fut surpris de voir ce corps sans tête arrêté dans le piége, sans pouvoir trouver l'ouverture par où l'on s'était introduit.

Il fit aussitôt pendre le cadavre après la muraille, et plaça des gardes auprès avec ordre de lui amener tous ceux qu'ils verraient pleurer à ce spectacle.

Quand la mère du voleur apprit où était le corps de son fils, elle ordonna au survivant de mettre tout en œuvre pour l'enlever et le lui rapporter, le menaçant de le dénoncer, s'il ne lui donnait pas cette satisfaction.

Le jeune homme parvint à exécuter cette périlleuse entreprise, et à enlever le cadavre de son frère, après avoir enivré les gardes qui étaient chargés de le surveiller.

Le Roi fut extrêmement courroucé à cette nouvelle, et désireux de savoir qui avait fait le coup, il fit annoncer qu'il donnerait une grande récompense à celui qui raconterait la plus belle histoire.

Le voleur reconnut le piége et voulut montrer qu'il était plus habile que le roi; il coupa le bras d'un homme nouvellement mort, alla trouver le ministre, et lui conta tout ce qu'il avait fait. Lorsque le ministre voulut l'arrêter, il lui tendit le bras du mort, et s'échappa.

Le roi, admirant la ruse et la hardiesse de cet homme, fit annoncer qu'il lui accordait sa grâce, et lui donna même sa fille en mariage.

M. GIRARD.

Ce conte est vraiment fort intéressant, et semble venir de l'Inde ; mais Hérodote en a entendu bien davantage sur le compte du roi Rhampsinit, que les prêtres faisaient descendre tout vivant aux enfers, sans dire cependant par quels moyens ni dans quel but. Quand les Grecs faisaient tenter la même aventure à Hercule et Thésée, ils avaient au moins des prétextes; le premier arrachait Alceste à la mort; l'autre voulait ravir Proserpine à Pluton.

M. D'HARVILLE.

Une autre fable très curieuse que raconte Hérodote, c'est celle du roi d'Egypte Protée. Ce prince vivait au temps de la guerre de Troie, c'est-à-dire vers le douzième siècle avant Jésus-Christ; il était, dit l'histoire, fort savant en astronomie et dans toutes les sciences; la mythologie en fit un Dieu, qui avait la faculté de prendre toute espèce de formes et connaissait l'avenir.

M. GIRARD.

Le nom de Protée est passé en proverbe et s'applique surtout aux courtisans, qui savent comme lui mollifier leur visage, et en lâcher l'expression sous un masque emprunté.

M. D'HARVILLE.

Pour en revenir à Hérodote, il raconte, toujours d'après les récits des prêtres d'Egypte, que Pâris, fils de Priam, retournant dans sa patrie avec Hélène, qu'il avait enlevée à Ménélas, son mari, fut poussé sur les côtes d'Egypte par la tempête, et conduit à Memphis devant Protée qui lui reprocha son crime, le chassa de ses états, e retint Hélène avec ses richesses, jusqu'à la fin du siége de Troye; en sorte que ce siége si célèbre eût été sans cause. Enfin il ajoute que Ménélas à son retour, passa en Egypte chez le roi Protée, qui lui rendit Hélène avec toutes ses richesses.

M. GIRARD.

Tout cela ressemble fort au conte de Rhampsinit.

M. D'HARVILLE.

Après ce dernier roi, l'Egypte tomba dans la décadence, et fort peu de ces princes méritent d'être cités. Je rappellerai seulement le nom

de *Seeno* qui exerça une grande influence en Judée, en donnant asile
à *Jéroboam*, du temple de Salomon, et en le soutenant plus tard
contre *Roboam*. Au VIIIᵉ siècle, nous rencontrens le roi Ethiopien
de *Méroë*, *Sabacon*, qui fit alliance avec *Osé*, roi d'Israël contre
Salmanazar.

Franchissons cette période où tout est incertitude et obscurité, et arrivons à *Néros* ou *Néchao* qui régna de l'an 616 à 600 avant Jésus-Christ.

Ce prince mérite notre attention.

Le règne de Psammétichus, son père, est mêlé, dans le récit
d'Hérodote, de mille détails invraisemblables ou merveilleux ; il fit
alliance avec les Grecs, les attira en grand nombre dans ses états et
leur donna même des terres près de Bubaste ; en outre il conduisit
une armée en Palestine, et s'empara de la ville d'*Asoth*.

Néros monté sur le trône, fit, comme son père, une excursion en
Palestine ; il battit et tua à *Mageddo* le roi *Josias*, et donna la couronne à *Jouchim*, dont il fit son tributaire. Il poussa ses conquêtes
en Assyrie jusqu'à l'Euphrate, et s'empara de *Corcésium* ; mais défait
dans une bataille par Nabuchodonosor, il se vit forcé de rentrer en
Egypte.

Toutefois ce ne sont pas les conquêtes de Néros qui lui ont valu de
compter au nombre des princes les plus célèbres de l'Egypte.

Deux entreprises dont nous allons parler furent ses véritables titres
de gloire. L'une d'elles surtout se lie intimement au sujet de nos
causeries, et mérite une attention particulière ; c'est l'ouverture d'un
canal faisant communiquer la mer Rouge au Nil et par là à la Méditerranée. Ce fut la première tentative de ce genre ; cependant je crois
l'avoir déjà dit, quelques auteurs, Strabon entre autres, attribuent
cette glorieuse initiative à Sésostri ; mais Hérodote ne fait remonter
ce premier travail qu'à Néros, et son opinion semble la plus vraisemblable.

M. GIRARD

En effet, si Sésostris eût commencé ce grand travail, les prêtres d'Egypte, qui fournirent à Hérodote les matériaux de son histoire, n'auraient pas manqué de lui parler d'un fait aussi remarquable, eux qui élevèrent si haut la gloire de ce prince, et qui cherchèrent par tous les moyens à convaincre l'historien grec de l'antiquité de leurs institutions, faisant remonter les Annales de leur peuple jusqu'aux siècles les plus reculés.

M. D'HARVILLE.

Suivant l'exemple de son père, qui avait cherché par tous les moyens à étendre les relations commerciales de son peuple, Nécos ouvrit les portes de l'Egypte aux étrangers, et surtout aux Grecs et aux Phéniciens.

Frappé des immenses résultats que l'on devait obtenir en établissant une communication entre le golfe d'Héroopolis ou la mer Rouge et la mer Méditerranée, il fit entreprendre un canal qui devait amener les navires du Nil à la limite nord de la mer Rouge.

Ce canal prenait naissance à *Babastis*, dans les branches *Pélusiaque* ou *Babastique*, traversait la terre de *Gessen* et se jetait dans les *lacs amers*, d'où il rejoignait la mer Rouge.

M. GIRARD.

Ce canal est-il entièrement détruit?

M. D'HARVILLE.

Plusieurs portions en sont encore parfaitement conservées.

M GIRARD.

Quelles en étaient les dimensions?

M. D'HARVILLE.

Il devait avoir assez de largeur pour que deux trirèmes pussent y naviguer de front, ce qui suppose environ trente mètres; je dis environ, car l'on ne peut rien affirmer à cet égard. Quant à sa profondeur, quelques historiens l'évaluent à dix mètres; mais c'est une exagération évidente, et je ne pense pas que sa profondeur en eau dépassât trois mètres, ce qui était bien suffisant pour les navires de cette époque.

Enfin sa longueur totale était, d'après Pline l'ancien, d'environ quatre-vingt-douze kilomètres, ce qui confirme le fait que nous avons admis en commençant, qu'à cette époque la mer Rouge pénétrait plus avant vers le Nord, et occupait les lacs amers, la distance entre Bubastis et le point où le canal rencontrait les lacs, étant, à peu de chose près, celle indiquée par Pline.

ERNEST.

Ce grand travail fut-il terminé sous le règne de *Nécos?*

M. D'HARVILLE.

Non, le roi d'Egypte fit interrompre les travaux, et Hérodote prétend que ce fut sur la réponse d'un oracle *qui l'avertit qu'il travaillait pour le barbare.*

Mais Hérodote, qui visitait l'Egypte cent cinquante ans après le règne de Nécos, alors que ce pays était tombé au pouvoir de la Perse, trouva là sans doute une belle occasion de vanter les oracles, et ne manqua pas d'inventer cette fable, dans son Amour pour le merveilleux.

D'autres motifs plus graves arrêtèrent les travaux entrepris par Nécos.

Et d'abord Hérodote lui-même nous dit que cent-vingt mille hommes y périrent; cette mortalité dut effrayer le roi d'Egypte, et le décider à interrompre ces travaux qui présentaient d'ailleurs d'énormes difficultés, surtout à une époque où l'on n'avait que fort peu de ressources mécaniques, ainsi que nous l'avons dit en parlant des pyramides.

M. GIRARD.

En prenant pour base les dimensions que vous avez indiquées, la masse de terre à remuer pour creuser le canal de Nécos, peut être évaluée à plus de vingt millions de mètres cubes.

M. LAROQUE.

En vérité, c'est effrayant !

M. LOMBARD.

Quelle masse énorme de terre ! Mais ce doit être peu de chose en comparaison de celle qu'a remuée M. de Lesseps ?

M. D'HARVILLE.

En effet, c'est fort peu de chose. Nécos fut arrêté d'ailleurs par d'autres motifs extrêmement sérieux ; dans l'antiquité on supposait, et cette erreur est restée accréditée jusqu'à notre époque, que le niveau de la mer Rouge était supérieur à celui de la Méditerranée et à celui de la Basse-Egypte ; de sorte que l'on affirmait qu'en faisant communiquer le Nil avec cette mer, le pays serait inondé sans ressource, et que d'ailleurs les eaux salées remontant le fleuve jusqu'à une grande distance, priveraient toute la contrée d'eau potable.

Quoiqu'il en soit, Nécos renonça à poursuivre l'ouverture de ce canal, mais il réussit mieux dans une autre entreprise que je vais vous raconter en peu de mots ; il avait fait construire des flottes qui trafiquaient sur les côtes de la Syrie et de Palestine ; ayant fait venir d'habiles marins de la Phénicie, il les chargea de faire le tour du continent Africain, en partant du golfe arabique ou de la mer Rouge, pour revenir par le détroit des colonnes d'Hercule, aujourd'hui détroit de Gibraltar.

M. GIRARD.

Tentative surprenante à une époque où la marine était si peu avancée, vingt-et-un siècles avant que le portugais *Vasco de Gama* eût suivi la même route et franchi le *cap de Bonne-Espérance*.

M. D'HARVILLE.

Ce voyage dura trois ans, car les Phéniciens s'arrêtèrent plusieurs fois en route ; ils abordaient où ils trouvaient la terre propice, semaient du blé pour renouveler leurs provisions et se remettaient en mer après l'avoir récolté.

Rentrés en Egypte, ils racontèrent qu'en faisant voile autour de la Lybie, ils avaient été fort étonnés de voir le soleil se lever derrière eux : *ce fait*, dit Hérodote, *ne me paraît pas croyable.*

Il est au contraire la preuve de l'authenticité du voyage, car les Phéniciens n'auraient pu imaginer cette position du soleil dont ils furent témoins dès qu'ils eurent dépassé la ligne équinoxiale.

Malheureusement les connaissances que ce voyage procura furent vite oubliées et restèrent sans résultat pratique.

M. GIRARD.

Cette tentative laissa pourtant quelques traces, presque cent cinquante ans plus tard, après la conquête de l'Egypte, *Xercès*, roi de Perse, fit entreprendre le même voyage par un grand personnage de sa cour qui avait mérité la mort. Mais ce dernier qui s'embarqua sur la Méditerranée, n'osa pas s'aventurer au-delà des colonnes d'Hercule, et revint prétendant qu'il était allé jusqu'où son vaisseau avait pu conduire

M. D'HARVILLE.

Malgré tout, cette idée qu'il n'était pas impossible de faire le tour de l'Afrique, se perdit si bien que le géographe Ptolémée, qui vivait au IIe siècle de notre ère, supposa ou affirma que la mer des Indes n'était qu'un lac enfermé au sud par une terre qui réunissait l'extrémité méridionale de l'Afrique à la presqu'île que nous appelons aujourd'hui presqu'île de *Malacca*.

Psammis, successeur de Nécos, ne régna que six ans, *Apriès*, qui vint ensuite fut détrôné par *Amasis*, dernier roi de la vieille Egypte qui mérite d'être mentionné. Il favorisa le commerce et l'agriculture, ne fit point la guerre à ses voisins, et chercha au contraire à entretenir avec eux des relations amicales.

Il mourut en 526, et fut remplacé par son frère *Psamm'nit*, qui, vous le savez, fut vaincu à Memphis et mis à mort six mois après son avénement par le roi de Perse *Cambyse*.

A partir de cette époque, l'Egypte ne s'appartint plus, et fut soumise à la domination étrangère, bien qu'elle protestât souvent par des révoltes contre cette domination.

Mais avant de terminer cet aperçu historique, et de vous dire quelques mots sur les événements qui se passèrent en Egypte après la conquête de Cambyse, je crois utile de vous donner quelques détails sur les mœurs, les usages et les lois civiles et religieuses de ce peuple à jamais disparu ; et nous renverrons ces détails à demain, pour ne pas prolonger notre soirée au-delà de l'heure ordinaire.

CHAPITRE V.

—

CINQUIÈME SOIRÉE.

Religion, fétichisme, origine de ce mot. — Dieux Egyptiens, dieux de ville et de province. — Origine du culte des animaux. — Ce culte retrouvé chez un grand nombre de peuples. — Explication sur ce culte en Egypte. — Le bœuf Apis, sa mort, réjouissances à la découverte d'un nouveau dieu. — Cambyse tue le bœuf Apis. — Veau d'or des Israélites. — Métempsycose. Les dieux prennent la forme d'animaux. — Croyance des prêtres à un Dieu unique. — Inscriptions sur une statue d'Isis. — Le dieu Sérapis. — Respect pour les morts ; embaumements des cadavres ; momies. — Jugement des morts. — Lois politiques et civiles, les plus remarquables. — Castes diverses : prêtres, guerriers, laboureurs. — Sciences et arts : architecture, sculpture, peinture. — Labyrinthe, arts industriels. — Sciences : géométrie, astronomie, mécanique, médecine

L'ABBÉ MOREAU.

Le récit des faits qui s'accomplirent dans les temps anciens a son importance, car il nous apprend par quels moyens Dieu sait disposer, comme il lui plaît, des empires et des rois ; mais l'étude des mœurs, des usages, des croyances qu'adoptèrent ces races depuis si longtemps disparues me semble bien plus intéressante ; je suis donc fort curieux l'entendre ce que M. d'Harville doit nous dire aujourd'hui.

M. D'HARVILLE.

Nous commencerons d'abord par nous occuper de la religion, qui fut chez les Egyptiens, comme chez tous les peuples de l'antiquité, la base de toutes les institutions civiles et politiques.

M. GIRARD.

La religion des Egyptiens n'est pas autre chose que le *Fétichisme*.

ERNEST.

Qu'appelez-vous le Fétichisme, mon oncle ?

M. GIRARD.

Le Fétichisme est le dernier degré de l'idolâtrie.

L'ABBÉ MOREAU.

C'est l'adoration des choses où la divinité montre le moins son empreinte, comme un morceau de bois ou un morceau de pierre.

CHARLES.

Quelle est donc l'origine de ce mot ?

M. GIRARD.

Les peuplades nègres de l'Afrique orientale adoraient des idoles grossières, auxquelles les Portugais, qui les premiers établirent quelques comptoirs sur leurs côtes, donnèrent le nom de *Fétissos*, qui signifie chose enchantée, ou charme ; c'est de là qu'est venu le mot de *Fétiche*.

M. D'HARVILLE.

Les Egyptiens n'étaient pas adonnés au *Fétichisme*, dans le sens absolu que l'on y attache ; mais si l'on accepte les peuplades de l'intérieur de l'Afrique, chez lesquelles on ne trouve aucune trace de religion, et celles qui habitent les îles de l'Océanie et la Nouvelle-Hollande, il est certain qu'aucun peuple n'a autant que les Egyptiens dégradé l'idée de la divinité.

M. GIRARD.

L'Egypte fut regardée chez les Grecs et les Romains comme la mère de la superstition.

M. D'HARVILLE.

Non-seulement ils reconnaissaient un grand nombre de dieux, mais encore ils allaient les prendre très bas et jusque parmi les animaux : le crocodile, l'ichneumon, l'ibis, l'épervier, le chat, le bœuf, et même les légumes de leurs jardins passèrent ainsi à l'état d'êtres divins, et trouvèrent des adorateurs.

L'ABBÉ MOREAU.

Tout était Dieu, a dit Bossuet, excepté Dieu lui-même.

M. D'HARVILLE.

Rien n'est plus certain ; il faut remarquer que les dieux d'une province ou d'une ville n'étaient pas ceux d'une autre. Le crocodile, dit Hérodote, était regardé comme sacré à Thèbes et dans les environs du lac Mœris, tandis qu'à Éléphantine on ne s'y faisait aucun scrupule d'en manger. Il en était de même, d'après cet historien, de la plupart des animaux, des hippopotames, des serpents, etc.

L'ABBÉ MOREAU.

Si vous entrez dans un temple, dit *saint Clément d'Alexandrie*, un prêtre s'avance d'un air grave en chantant un hymne sacré; il soulève un peu le voile, comme pour vous montrer le dieu... Que voyez-vous alors? un chat, un crocodile, un serpent ou quelque autre animal dangereux. Le dieu des Égyptiens paraît ; c'est une bête sauvage se vautrant sur un tapis de pourpre.

M. LOMBART.

Quelle est donc l'origine de ces honteuses superstitions.

M. GIRARD.

Elles remontent sans doute à la dispersion des hommes, à cette époque mémorable où les descendants de Noé se séparèrent sous les murs de Babel, monument de leur fol orgueil et de leur impiété. Dès lors, frappés de vertige, oublieux de leur céleste origine, ils tombèrent dans cette grossière idolâtrie, élevant au rang de leurs dieux les animaux qui leur étaient utiles, tels que le bœuf, le chien, le chat, l'ibis, l'ichneumon, et ceux qui leur étaient nuisibles comme le crocodile, l'épervier, le serpent.

M. D'HARVILLE.

On a retrouvé les mêmes superstitions chez presque tous les peuples sauvages; les nègres de Juida adorent le serpent devin; et certains insulaires que les voyageurs ont rencontré dans les îles de l'Océanie rendent un culte au caïman, monstre fort commun dans leurs rivières, et d'ailleurs extrêmement redoutable.

M. LAROQUE.

Les honneurs divins que l'on rend à l'éléphant dans l'Inde et surtout dans le royaume de Siam, ont sans doute la même origine?

M. GIRARD.

Evidemment.

ERNEST.

Il me semble étonnant que le chameau et le dromadaire n'aient point trouvé leur place parmi les dieux Egyptiens.

M. GIRARD.

Ainsi que vous l'a déjà dit M. d'Harville, ces animaux n'ont été introduits en Egypte qu'à l'époque de la conquête de ce pays par les Arabes; sans quoi ils auraient probablement été placés au premier rang dans cet *olympe*.

M. D'HARVILLE.

On nourrissait dans les temples un certain nombre de ces animaux sacrés; ils avaient à leur service des serviteurs, fonctionnaires publics ou prêtres; et la loi punissait de mort le meurtre volontaire de l'un d'eux; si le crime était involontaire, il s'expiait par le paiement d'une amende fixée par les prêtres; et néanmoins on n'admettait point de composition pour celui d'un *ibis* ou d'un *épervier*.

M. GIRARD.

Sous le règne des Ptolémées, un soldat romain, ayant tué par mégarde un chat sacré, fut mis en pièces par la populace, malgré les

Voy. à l'isthme de Suez.   6

prières du roi lui-même, et la terreur qu'inspirait alors partout le nom de Rome.

M. D'HARVILLE.

Diodore ajoute même, que, dans le temps d'une famine extrême, leur respect pour ces animaux fut si grand, qu'ils préférèrent manger de la chair humaine que de toucher à leurs *divinités*.

Le bœuf Apis était le plus célèbre de tous ces dieux ; on lui avait élevé des temples magnifiques ; il recevait des honneurs extraordinaires pendant sa vie, et de plus grands encore après sa mort. L'Egypte toute entière était dans la désolation, et ses funérailles étaient célébrées avec la plus grande magnificence.

M. GIRARD.

Diodore, que vous venez de citer, affirme que sous Ptolémée Lagus, le bœuf Apis étant mort de vieillesse, la dépense de son convoi monta à plus de cinquante mille écus.

M. D'HARVILLE.

Après que l'on avait rendu les derniers honneurs au dieu mort, il s'agissait de lui trouver un successeur, et on le cherchait dans toute l'Egypte. Il se reconnaissait à certains signes, qui sont, en vérité, peu communs, dans notre pays du moins.

M. LOMBARD.

Quels étaient donc ces signes ?

M. D'HARVILLE.

Son poil devait être noir ; il devait porter sur le front une tache blanche triangulaire.

M. LOMBARD.

Tout cela peut se rencontrer.

M. D'HARVILLE.

Permettez, ce n'est pas tout ; il devait avoir sur le dos la figure d'un aigle, et sur la langue celle d'un escarbot ou scarabée

M. LOMBARD.

Oh ! Pour le coup je renonce à la fourniture.

M. D'HARVILLE

Dès qu'on avait trouvé ce bœuf miraculeux, le deuil faisait place à la joie; ce n'était plus dans toute la vallée du Nil que festins et réjouissances, et l'on installait avec une grande pompe le nouveau dieu à Memphis.

M. GIRARD.

Le roi de Perse, Cambyse, revenant de sa malheureuse expédition en Ethiopie, trouva toute l'Egypte en fête à l'occasion de l'avènement d'un nouveau bœuf Apis; et croyant qu'on insultait à sa défaite, tua le jeune dieu de sa propre main, dans les transports de sa colère.

M. LAROQUE.

Ce pauvre bœuf ne profita guère des avantages que lui assurait sa nouvelle position.

L'ABBÉ MOREAU.

Le veau d'or que les Israélites érigèrent au pied du mont Sinaï était évidemment un souvenir de leur séjour en Egypte, et une imitation du dieu Apis; il en est de même de ceux élevés en Galée par le roi Jéroboam, qui avait d'ailleurs longtemps résidé en Egypte.

M. D'HARVILLE.

Les Egyptiens ne se contentaient pas d'adorer les animaux; ils allèrent, nous l'avons déjà dit, jusqu'à offrir les mêmes hommages aux légumes de leurs jardins.

M. GIRARD.

C'est incroyable, en vérité, de voir un peuple aussi avancé dans les sciences et jouissant d'un certain degré de civilisation, se livrer ainsi à ces ridicules superstitions.

M. D'HARVILLE.

En effet, rendre à des animaux, à de vils insectes, un culte religieux, les nourrir à grands frais dans les temples, punir de mort ceux qui leur ôtaient la vie, les embaumer et les conserver dans des tombeaux publics, invoquer de pareilles divinités, en attendre des secours et de la protection; ce sont là des excès qui nous paraissent invraisemblables, mais qui sont d'ailleurs attestés par tous les écrivains.

M. GIRARD.

Le satirique Lucien termine ainsi son passage où il parle des temples égyptiens à peu près dans les termes dont se sert Clément d'Alexandrie et que nous a rapportés l'abbé Moreau: ces temples, dit-il, où brillent de toutes parts l'or et l'argent, et où l'on ne trouve qu'un singe, un chat ou un bouc, sont une image de beaucoup de palais, dont les maîtres ne sont pas le plus bel ornement.

L'ABBÉ MOREAU.

Le culte que les Egyptiens rendaient aux animaux n'avait-il pas son origine dans la croyance de la métempsycose, croyance que l'on trouve encore dans l'Inde, chez diverses sectes du culte Brahmanique?

M. GIRARD.

En effet, Pythagore lui-même, le célèbre philosophe grec, avait emprunté cette croyance aux Egyptiens.

M. D'HARVILLE.

Cela peut être vrai; si la masse ignorante du peuple regardait le bœuf Apis comme un être divin, il n'était pour la partie plus éclairée de la population, que le symbole d'un dieu invisible que l'on appelait Osiris, et les autres animaux sacrés représentaient aussi certains autres dieux portant des noms divers.

Les prêtres enseignaient à cet égard une fable qui se retrouve, en partie du moins, dans la mythologie grecque; les géants, disaientfls, ayant déclaré la guerre aux dieux, ces derniers se réfugièren en Egypte, et se cachèrent sous différentes formes d'animaux.

M. GIRARD.

De là le culte qu'on leur rendait sous cette forme.

M. D'HARVILLE.

Au surplus les prêtres eux-mêmes, comme la plupart des grands philosophes de l'antiquité, Socrate, Platon, Cicéron, Marc-Aurèle, avaient des doctrines beaucoup plus hautes sur la divinité. On voit en effet dans les rituels funéraires qu'il croyait à un seul Dieu. Hérodote et Diodore de Sicile nous apprennent qu'à Thèbes on adorait *Celui qui n'a pas eu de commencement et qui ne doit pas avoir de fin.* Une statue d'Isis portait cette inscription : *Je suis tout ce qui fut, est et sera. Aucun mortel n'a jamais soulevé le voile qui me couvre.*

L'ABBÉ MOREAU.

Ces paroles remarquables sont tirées presque mot pour mot de la Genèse, et nous prouvent que les traditions transmises aux patriarches ne s'étaient pas entièrement perdues au milieu des douteuses pratiques de l'idolâtrie.

M. D'HARVILLE.

Un fait digne d'être mentionné dans notre étude sur la religion des Egyptiens, c'est qu'ils adorent, sous le nom de Sérapis, un dieu qui naquit d'une vierge, et qui s'incarna dans le corps d'un bœuf, pour racheter les péchés des hommes. Les temples de Sérapis étaient fort communs en Egypte ; et plusieurs sont encore en bon état de conservation.

L'ABBÉ MOREAU.

Ce culte de Sérapis est évidemment un souvenir à moitié effacé de la promesse d'un libérateur faite à Adam après sa faute.

M. GIRARD.

Ce souvenir a été retrouvé presque dans les mêmes termes chez tous les peuples, et notamment chez les peuples d'Amérique; ce qui prouve, malgré l'affirmation de quelques savants, qu'ils n'ont pas une autre origine que ceux de l'ancien monde.

M. D'HARVILLE.

Toutes les religions ont en effet pour base ou pour caractère principal, la croyance à une chute qui doit être suivie d'une grande réhabilitation.

Les prêtres Egyptiens enseignaient aussi que l'âme est immortelle, et qu'elle sera après la mort récompensée ou punie suivant ses mérites; le soin qu'ils avaient de conserver les cadavres, prouve qu'ils comptent sur une vie future.

M. GIRARD.

Cette croyance ne me semble pas complètement exempte d'alliage puisqu'elle se mêlait à la doctrine de la métempsycose. Voici ce que rapporte Hérodote, comme la tenant de ces prêtres : ils disent que l'âme de l'homme est immortelle, et qu'après la mort elle entre dans le corps d'un animal, pour revenir dans un corps d'homme, au bout d'une série de transmigration, dont la durée est de trois mille ans.

CHARLES.

Vous venez de nous parler des morts et du soin que l'on avait de conserver leurs cadavres; voulez-vous nous donner quelques détails à ce sujet?

ERNEST.

J'ai lu quelque part qu'en Egypte les morts subissaient un jugement solennel, avant d'être placés dans le tombeau: ce fait est-il bien certain?

M. D'HARVILLE.

Je vais essayer de répondre à ces deux questions : ces usages que nous attestent tous les auteurs, sont d'autant plus remarquables qu'ils n'ont été, je crois, observés chez aucun autre peuple.

M. GIRARD.

Pardonnez-moi : une ancienne peuplade, aujourd'hui complètement disparue, les *Guanches*, qui habitaient les îles Canaries, avaient aussi l'usage d'embaumer les cadavres ; partout ailleurs on les brûlait, ou bien on les rendait à la terre.

M. LAROQUE.

Ce respect extraordinaire des Égyptiens pour les morts, respect qui les portait à conserver à grands frais leurs cadavres, ne semble-t-il pas en contradiction avec cette doctrine de transmigration qu'enseignaient les prêtres et dont vous avez dit quelques mots ?

L'ABBÉ MOREAU.

Cet usage indiquerait plutôt une croyance à la résurrection.

M. D'HARVILLE.

Il est probable que les Égyptiens, en essayant de soustraire les morts à la loi naturelle de décomposition, n'avaient d'autre but que de les honorer, et déterminer par ce moyen leur témoignage de tendresse, de reconnaissance ou de piété religieuse.

M. GIRARD.

C'était une orgueilleuse protestation contre le néant.

M. D'HARVILLE.

Ils l'appliquaient même à leurs dieux ; mais quoi qu'il en soit de son origine, il est certain que cet usage existait en Égypte, à l'époque de la venue des Hébreux, car nous trouvons dans la Genèse, que Joseph, voulant transporter le corps de son père dans la terre de Chanaan, le fit embaumer ainsi que le faisaient les Égyptiens.

L'ABBÉ MOREAU.

Après la mort de Joseph lui-même, ses enfants embaumèrent son cadavre, et le transportèrent plus tard avec eux lorsqu'ils voulurent quitter l'Egypte.

M. GIRARD.

Les procédés que l'on employait, et que Diodore de Sicile rapporte avec d'assez grands détails, étaient fort longs et fort coûteux, car ils pouvaient s'élever à un talent d'argent, ce qui équivaut à environ dix mille francs de notre monnaie.

M D'HARVILLE.

Ces procédés étaient du reste arrivés à un tel degré de perfection, que la forme toute entière du corps, les traits du visage, les poils des paupières et des sourcils se conservaient parfaitement.

M. GIRARD.

En effet, l'on a retiré des tombes égyptiennes des momies ou cadavres qui y furent placés il y a plus de trois mille ans, et qui n'avaient encore subi aucune altération.

M. D'HARVILLE.

Un grand nombre de ces momies ont été transportées en Europe, et sont conservées dans les musées ou dans les cabinets de curieux.

L'ABBÉ MOREAU.

Tristes monuments de notre vanité, de notre orgueil, qui n'offrent aux yeux du spectateur que d'affreux restes de ceux qui ne sont plus! Qu'elle est plus convenable et plus conforme à notre origine, la coutume chrétienne, qui rend à la terre ce qui en a été tiré, et nous amène à croire que notre corps, qui en a été formé une première fois, pourra en être rappelé une seconde par son Créateur, pour participer à la vie glorieuse qu'il a réservé à notre âme incorruptible.

M. LAROQUE.

Quels procédés employaient les Egyptiens ?

M. GIRARD.

Diodore de Sicile donne à cet égard de fort longs détails; il nous suffira de dire que le corps complètement lavé et vidé était rempli de parfums et de drogues odoriférantes et enveloppé de bandelettes de lin ou de coton, collées ensemble avec une espèce de gomme fort déliée, et enfin recouvert pendant plusieurs jours de *natron* ou carbonate de *soude*, matière très commune en Egypte; après quoi on plaçait le corps dans un coffre assez semblable par sa forme à un cercueil, que l'on dressait contre la muraille dans les tombeaux de famille ou dans les maisons.

M. LOMBARD.

Aujourd'hui l'on emploie des procédés beaucoup plus simples et moins coûteux.

M. D'HARVILLE.

Nous avons déjà dit que les morts étaient appelés à subir un jugement avant d'être placés dans le tombeau; ce jugement était entouré de formes très solennelles, ainsi que le rapportent Hérodote et Diodore de Sicile; il s'appliquait même aux rois, et plusieurs d'entr'eux furent, dit-on, privés des honneurs de la sépulture.

M. GIRARD.

La loi permettait à qui voulait de venir les accuser; et c'est de là sans doute que les Grecs inventèrent la fable des juges qui recevaient les morts aux enfers.

M. D'HARVILLE.

Pour en finir avec cet aperçu des temps anciens, nous allons dire quelques mots des institutions politiques et des lois civiles qui gouvernèrent l'Egypte jusqu'au temps de la conquête.

M. GIRARD.

L'Egypte eut chez les anciens une grande réputation pour la sagesse de s s lois, et nous savons que Lycurgue et Solon, les deux grands législateurs de la Grèce, en avaient rapportés celles qu'ils firent adopter par les Spartiates et les Athéniens

L'ABBÉ MOREAU.

Dieu lui-même semble avoir voulu faire l'éloge des Egyptiens, car il est dit dans la Genèse que Moïse fut instruit dans toute leur sagesse.

M. D'HARVILLE.

Il est certain que quelques-unes de ces lois étaient dignes d'une civilisation plus avancée ; nous allons signaler les plus remarquables.

M. GIRARD.

Suivant Diodore, les rois, tout-puissants qu'ils fussent, étaient eux-mêmes soumis à certaines de ces lois conservées dans les livres sacrés et confiées à la garde des prêtres; ces lois entraient dans les plus petits détails, et réglaient même la manière dont ils devaient se nourrir et se vêtir.

M. D'HARVILLE.

La loi était égale pour tous et appliquée par trente juges tirés des principales villes du royaume. Le meurtre volontaire était puni de mort ainsi que le parjure ; l'on condamnait le calomniateur au supplice qu'aurait subi l'accusé, s'il eût été trouvé coupable.

M. GIRARD.

Celui qui, pouvant sauver un homme attaqué, se refusait à le faire, était aussi puni de mort.

M. D'HARVILLE.

C'est de l'Egypte que Solon transporta à Athènes une loi par laquelle chaque particulier était tenu de faire inscrire sur un registre public son nom, sa demeure, sa profession et ses moyens d'existence.

M. GIRARD.

Une loi fort remarquable était celle qui permettait d'emprunter sur le corps de son père, c'est-à-dire de livrer ce corps en gage à son créancier; elle réputait infâme celui qui négligeait de retirer au temps fixé ce gage précieux, et le privait lui-même des honneurs de la sépulture.

L'ABBÉ MOREAU.

Ce qui me semble le plus mériter l'admiration dans les mœurs égyptiennes, c'est le respect qu'ils avaient en toute circonstance pour les vieillards. Les jeunes gens étaient obligés de se lever devant eux, et de leur céder partout la place d'honneur.

M. D'HARVILLE.

Cette loi ou cet usage fut établi à Sparte par Lycurgue.

M. GIRARD.

J'aime à croire que de nos jours une loi semblable serait inutile; s'incliner devant la vieillesse n'est pour l'homme bien élevé qu'un acte naturel, qu'un devoir de politesse et de convenance.

M. D'HARVILLE.

Les prêtres tenaient le premier rang en Égypte; ils avaient de très grands privilèges, et possédaient d'énormes revenus, leurs terres se trouvant d'ailleurs exemptes de tout impôt. Dépositaires des archives du royaume, et se trouvant en outre beaucoup plus instruits que les autres classes de la nation, ils eurent de tout temps une très grande part dans le gouvernement, et y remplirent les fonctions les plus importantes.

Après les familles sacerdotales, venaient celles des guerriers. Cette classe possédait aussi de grands biens, et nous voyons, par les récits peut-être un peu exagérés des historiens, qu'elle était fort nombreuse.

L'ABBÉ MOREAU.

Vous parlez de familles de guerriers ; la profession des armes était-elle donc héréditaire ?

M. D'HARVILLE.

Oui ; quant au reste de la population, il était divisé en classes ou corporations dont on ne peut fixer le nombre.

M. GIRARD.

Ce n'était point comme dans l'Inde, des castes héréditaires, où le fils dût nécessairement suivre la même profession que son père ; il était permis d'en sortir ; Amasis lui-même, roi dont nous avons parlé, était d'une très basse condition et parvint cependant à s'élever au premier rang.

M. D'HARVILLE.

Il faut remarquer que tout le sol de l'Egypte appartenait au roi, aux prêtres et aux guerriers, et que les agriculteurs n'étaient que de simples fermiers, semblables aux serfs du moyen-âge, et aux *fellahs* de l'Egypte moderne qui n'ont rien à eux, et qui exploitent le sol pour le compte du pacha, propriétaire unique de la terre.

Deux classes étaient en grand mépris chez les Egyptiens : la première était celle des porchers, le porc étant à leurs yeux, comme aux yeux du peuple juif, un animal immonde ; la seconde était celle des pasteurs nomades qui vivaient en dehors de la société Egyptienne.

M. GIRARD.

Cette haine avait sans doute sa cause dans le souvenir des Hycsos et de leur terrible invasion ; en outre les habitudes sédentaires des Egyptiens étaient en opposition avec celle de ces pasteurs qui n'avaient point de demeures fixes.

M. D'HARVILLE.

Il nous reste à dire quelques mots sur l'état des sciences et des arts dans l'ancienne Egypte.

M. GIRARD.

Les détails que vous nous avez donnés sur les pyramides, les obélisques, les temples, les palais des Pharaons, monuments qui bravent encore les injures des siècles, nous montrent à quel point de perfection les Egyptiens avaient porté l'architecture et la sculpture.

M. D'HARVILLE.

Ils avaient aussi des peintres fort habiles dans l'art de composer et d'appliquer les couleurs, car les murailles de ces monuments en étaient couvertes, et l'on voit encore de ces peintures qui ont conservé toute la vivacité de leurs teintes.

M. GIRARD.

Cependant ils ignoraient l'art de donner du relief aux figures par le mélange des clairs et de l'ombre, et leurs peintures ressemblent à celles des Chinois et des Japonais, où l'on ne retrouve aucune observation des lois de la perspective. Leurs statues ont aussi beaucoup de raideur; les bras ne sont point détachés du corps ni les jambes séparées.

M. D'HARVILLE.

L'uniformité des attitudes et des poses montre qu'en peinture, comme en sculpture, les artistes égyptiens étaient tenus de ne point s'écarter d'un certain style de convention qui se conserva beaucoup plus tard, et jusqu'à la fin de l'empire Romain.

M. GIRARD.

On peut en dire autant de leur architecture, qui était lourde et sans goût dans le choix des ornements; néanmoins leurs monuments sont fort remarquables par la grandeur et la majorité de l'ensemble.

AUGUSTE.

Vous ne nous avez encore rien dit du *labyrinthe*, qui passe pour
un des plus curieux monuments de l'ancien monde?

EDOUARD.

Ni du *phare d'Alexandrie*.

M. D'HARVELLE.

Quant au phare d'Alexandrie, le monument n'est pas venu d'en par
ler, car il date d'une époque postérieure à celle qui nous occupe.
M. Girard vous dira d'ailleurs ce que c'était que le labyrinthe.

M. GIRARD.

Ce monument fut construit, dit-on, par douze rois qui régnèrent
ensemble en Egypte; il était placé un peu au-dessus du lac Mœris,
près de la ville des crocodiles.

Je l'ai vu, dit Hérodote, qui en a parlé le premier, et je l'ai retrouvé
plus merveilleux que je ne puis l'exprimer. Si quelqu'un voulait
le bien considérer, et le comparer aux plus beaux ouvrages des Grecs,
même aux temples d'Éphèse et de Samos, il les trouverait, soit pour
le travail, soit pour la dépense, beaucoup inférieurs à ce labyrinthe.

La description d'Hérodote est beaucoup trop longue pour que je
puisse vous la rapporter, mais *Pomponius Mela*, historien plus concis,
en parle dans les termes suivants : ce labyrinthe contient trois mille
appartements et douze palais dans une seule enceinte; il est bâti et
couvert de marbre. Au dedans il y a une infinité de routes par où
l'on passe et repasse, en faisant mille détours, et qui jettent dans
l'incertitude, parce que l'on revient au même endroit; après avoir
tournoyé, on se retrouve au lieu d'où l'on était parti, sans savoir
comment se tirer de là.

ERNEST.

Le labyrinthe d'Egypte fut sans doute imité et créé par Dédale
et ces deux mots plus tard devinrent synonymes et s'employèrent

dès lors au figaro pour expliquer un embarras dont on ne peut
sortir

M. LOMBARD.

Les arts industriels étaient-ils cultivés en Egypte ?

M. GIRARD.

Quelques-uns du moins ; les Egyptiens fabriquaient des toiles de
lin très belles et d'une grande finesse.

M. D'HARVILLE.

Leurs tissus de coton n'avaient pas moins de valeur ; et on peut en
juger par ceux qui servent d'enveloppes aux momies.

Ils savaient aussi tanner les cuirs et les teindre en diverses couleurs.

M. GIRARD

Ils fabriquaient de la porcelaine, et une sorte de verre assez gros-
sier, dont ils faisaient des colliers et autres ornements. Enfin l'art
d'émailler et de vernir les poteries, était chez eux porté à un haut
degré de perfection.

M. D'HARVILLE.

Les prêtres en Egypte, cultivaient, nous l'avons dit, la plupart des
sciences ; et bien que l'on ait exagéré leurs connaissances, il est certain qu'ils avaient des notions assez avancées en géométrie, du moins
quant à la partie de cette science qui est relative à la mesure des
terres et à la coupe des pierres.

M. GIRARD.

Ils étudièrent avec succès l'astronomie, car ils avaient trouvé l'année
de trois cent soixante-cinq jours, et savaient orienter leurs monuments ; toutefois ils n'avaient que fort peu de notions en mécanique,
car ils n'employèrent, ainsi que nous l'avons déjà dit, que le levier,
le plan incliné et les bras d'hommes, pour transporter les masses

énormes de granit avec lesquelles ils construisirent leurs gigantesques monuments.

M. D'HARVILLE.

La médecine était exercée avec succès en Egypte, et Hérodote remarque à ce sujet, que les médecins, fort nombreux, étaient, ce que nous appelons aujourd'hui *spécialistes*, c'est-à-dire que chacun d'eux se consacrait à la guérison de certaines maladies, les uns ne s'attaquant qu'à celles des yeux, les autres à celles de l'estomac.

Ils étaient du reste en grand renom. L'histoire rapporte que Cyrus, roi de Perse, fit venir à sa cour un des médecins d'Amasis, qui était devenu célèbre pour la guérison des opthalmies ou maladies d'yeux ; ce médecin, dit-on, fut en partie la cause de la chute de Psamménit, dernier roi d'Egypte, car on prétend qu'il poussa Cambyse à la conquête de ce pays.

Nous continuerons demain le récit des évènements qui suivirent cette conquête, à partir de laquelle l'Egypte passa pour toujours sous la domination étrangère.

CHAPITRE VI.

—

SIXIEME SOIRÉE.

M. D'HAVILLE.

Ce n'est pas une histoire complète de l'Égypte que nous avons entreprise, mais le récit des évènements les plus remarquables ou de ceux qui se lient à notre sujet; aussi ne dirons-nous que fort peu de chose sur les faits qui suivirent la conquête de Cambyse; ils ont, du reste, peu d'importance, et se mêlent à l'histoire générale de l'Asie.

Vous savez que cette conquête eut lieu vers l'année 525 avant Jésus-Christ; Cambyse et ses successeurs séjournèrent tour à tour plusieurs années en Égypte sans en modifier, d'ailleurs, les institutions, malgré ce qu'en dit Hérodote, qui n'a rapporté que ce que lui apprirent les prêtres, et l'on comprend que ces derniers fussent peu disposés à ménager leurs conquérants.

La domination Perse dura près de deux siècles, et prit fin en 331 avant Jésus-Christ, époque à laquelle l'immense empire de Cyrus passa tout entier sous la domination du roi de Macédoine, *Alexandre*.

Je vous rappellerai, nous l'avons déjà dit, que pendant cette période, *Xercès*, roi de Perse, fit entreprendre autour de l'Afrique un voyage qui ne se termina point comme l'avait été celui effectué sous le règne de Néchao.

M. GIRARD.

Une autre expédition qui mérite d'être mentionnée, fut celle exécutée pendant la même période, en l'année 512, sous le règne de *Darius*, fils d'*Hystaspes*. Elle fut faite par un grec nommé *Scylax*, originaire de la *Carie*. Il avait longtemps navigué dans la Méditerranée, le long des côtes d'Europe et d'Asie, et rédigé une relation de son voyage qu'il intitula le *Périple*, et qu'il offrit au roi Darius. Ce dernier, désireux de connaître les pays qui bornaient son empire du côté de l'orient, envoya Scylax sur les bords de l'Indus. Là celui-ci construisit des navires, descendit le fleuve ; puis, arrivé à la mer, se dirigea vers l'ouest, longea toutes les côtes, et trente mois après son départ vint débarquer dans la mer Rouge, au port d'où étaient partis les Phéniciens envoyés par Néchao autour de l'Afrique.

ERNEST.

Une expédition semblable n'eut-elle pas lieu sous le règne d'Alexandre ?

M. GIRARD.

Oui, le même voyage fut effectué cent soixante-dix ans plus tard par *Néarque*. Scylax écrivit aussi le récit de son expédition, et son ouvrage a été, dit-on, conservé jusqu'au xiie siècle de notre ère ; mais il s'est perdu depuis cette époque.

M. D'HARVILLE

Nous voici arrivés à ce règne d'Alexandre ; ce prince, vous le savez, fonda un des plus vastes empires du monde; mais cet empire n'eut qu'une durée éphémère, et fut, aussitôt après sa mort, partagé entre ses quatre principaux lieutenants. Le roi de Macédoine n'eut point de peine à soumettre l'Égypte, et fut accueilli, suivant les historiens, comme un libérateur, les Égyptiens n'ayant subi qu'avec peine le joug des rois de Perse.

Les villes de Péluse et de Memphis lui ayant ouvert leurs portes, il côtoya les bords du Nil jusqu'à la mer, et posa, en face de l'île de *Pharos*, les fondements d'une cité nouvelle qu'il nomma *Alexandrie*. Il paraît que lui-même en dressa le plan, et que l'exécution en fut confiée à *Dinocrate*, fameux architecte qui avait rebâti à Éphèse le temple de Diane brûlé par Érostrate.

Cette nouvelle capitale de l'Égypte était située, comme je vous l'ai dit, en face de l'île de Pharos, entre le lac *Maréotis* et la Méditerranée. L'île de Pharos fut unie à la terre ferme par une jetée qui rendit le port d'Alexandrie l'un des plus commodes du monde pour la sûreté des navires; aussi cette ville devint-elle en peu de temps l'entrepôt général du commerce entre l'Europe et l'Asie.

Les Ptolémées y établirent leur résidence après la mort d'Alexandre, et en firent l'une des cités les plus belles de l'antiquité; ce fut le centre de la civilisation grecque.

Sa population, qui s'éleva au moment de sa plus grande splendeur, à plus de six cent mille habitants, se composait surtout de Grecs et de Juifs qu'Alexandre y avait attirés en leur accordant de très grands priviléges.

On y remarquait les palais des Ptolémées, leurs tombeaux et celui d'Alexandre, plusieurs théâtres, un musée et une bibliothèque très célèbre.

M GIRARD.

Cette bibliothèque fut l'œuvre des Ptolémées; elle contenait, dit-on.

quatre cent mille volumes ou rouleaux, toutes les littératures grecque, romaine, égyptienne et indienne, dont nous n'avons malheureusement aujourd'hui retrouvé que quelques débris. Elle fut brûlée en partie à l'époque du siége de la ville par Jules-César; le reste fut conservé dans le temple de Jupiter Sérapis jusqu'au règne de Théodore-le-Grand. Mais ce prince, ayant à cette époque ordonné la destruction de tous les temples païens, celui de Jupiter subit le même sort, et les écrits qui échappèrent en petit nombre à l'exécution de cet ordre mal compris ou trop rigoureusement interprété, furent plus tard livrés aux flammes par Omar; en sorte qu'il ne resta rien de ce vénérable trésor des sciences et des lettres antiques.

M. D'HARVILLE.

La ville d'Alexandrie était à l'apogée de sa grandeur lorsqu'elle tomba au pouvoir des Romains, l'an 29 avant Jésus-Christ. A partir de cette époque, sa décadence, hâtée par les ravages de Caracalla, d'Aurélien et de Dioclétien, fut si sensible, qu'au IV° siècle de notre ère, le temple de Sérapis était le seul monument de quelque importance qui y fut resté debout.

L'ABBÉ MOREAU.

Alexandrie fut à cette époque le centre de la théologie chrétienne.

M. D'HARVILLE.

En effet, et ce n'est pas la moindre gloire de cette ville fameuse qui conserva ce caractère jusqu'à la conquête des Arabes, c'est-à-dire jusqu'au milieu du VII° siècle.

M. GIRARD.

Bien qu'Alexandrie ait cessé à cette époque d'être la capitale de l'Egypte, elle resta, pendant toute la durée du moyen-âge, le grand entrepôt des produits de l'Orient et de l'Occident; mais la découverte de l'Amérique et celle de la route des Grandes-Indes par le cap de

Bonne-Espérance anéantirent si complètement son commerce, qu'en 1778 on n'y trouvait plus que cinq mille habitants.

M. D'HARVILLE.

Depuis le commencement de ce siècle, et surtout depuis le règne de Méhémet-Ali, qui en fit sa résidence pendant une partie de l'année, Alexandrie s'est enfin relevée de ses ruines; elle est aujourd'hui une des places les plus importantes de la Méditerranée, et sa population s'élève à plus de cinq cent mille âmes.

M. GIRARD.

L'ouverture du canal de Suez ne doit-il pas de nouveau amoindrir l'importance de cette ville, qui est située sur la branche canopique la plus éloignée de la mer Rouge?

M. D'HARVILLE

En effet, jusqu'à ce jour Alexandrie avait, sur toutes les villes littorales, l'immense avantage d'offrir aux navires un ancrage solide dans un vaste port, et au commerce de l'Orient une voie de communication fort avantageuse au moyen du chemin de fer qui la relie avec Suez; il n'en sera plus ainsi désormais, car les villes d'Ismaïlia et de Port-Saïd, qui se sont élevées sur les bords mêmes du canal, fourniront aux navires un ancrage aussi sûr et moins éloigné de leur route

L'ABBÉ MOREAU.

Ainsi va le monde! le trône d'Alexandre s'écroule; sur ses débris s'élèvent de vastes empires qui disparaissent à leur tour; et les grandes cités que fonda ce conquérant n'offrent plus à nos yeux que des ruines.

ERNEST.

Avant de quitter le règne d'Alexandre ne nous direz-vous pas quelques mots de son voyage au temple de Jupiter-Ammon?

CHARLES.

Où était-il donc situé ce temple célèbre, mon oncle?

M. D'HARVILLE

En Lybie, au milieu du désert, dans une oasis appelée *Marmarique*, et qui porte aujourd'hui, si l'on en croit le voyageur Belzoni. le nom de *Syouah*.

EDOUARD.

Qu'est-ce qu'une oasis?

M. GIRARD.

On appelle ainsi un espace de terrain propre à la culture, au milieu du désert et des sables; c'est comme une île au milieu de la mer.

M. D'HARVILLE.

Ce sont des lieux de halte pour les caravanes, qui y trouvent de l'ombrage, des fruits et de l'eau, si nécessaires dans ces contrées arides et dépourvues de toute végétation.

Celle d'Ammon est située à environ quatre-vingts lieues de Memphis, c'est-à-dire à douze journées de chemin.

Vous savez qu'une armée entière, envoyée vers ce temple par Cambyse, avait péri dans les sables, sans qu'il en revint, suivant l'histoire, un seul homme, pour faire le récit de la catastrophe.

Poussé par son orgueil insatiable et par le désir d'entendre le fameux oracle, Alexandre résolut de braver tous les périls de ce voyage, et, plus heureux que le roi de Perse, il parvint jusqu'au temple, où les prêtres le saluèrent du titre de fils de Jupiter.

M. GIRARD.

L'historien Quinte-Curce a fait le récit de cette expédition et décrit les merveilles de ce temple; le dieu était, dit-il, représenté sous la figure d'un bélier, ou sous celle d'un homme ayant la tête et les cornes de cet animal. La statue était toute couverte d'émeraudes et de pierres précieuses.

M. D'HARVILLE.

Il parle aussi d'une fontaine appelée *fontaine du soleil*, qui était tiède le matin, froide à midi, chaude le soir, et bouillante à minuit.

L'ABBÉ MOREAU.

C'est depuis cette époque que le roi de Macédoine, qui avait jusqu'alors montré de si grandes qualités, ne mit plus de bornes à son orgueil ; et, se croyant élevé au-dessus de la condition humaine, prit le titre fastueux de *fils de Jupiter*, et voulut bientôt passer lui-même pour dieu et se faire élever des autels.

M. D'HARVILLE.

Nous ne nous arrêterons pas plus longtemps sur le règne de ce prince, dont le caractère fut un mélange étonnant de bien et de mal, de vices et de vertus.

L'ABBÉ MOREAU

Il se vit, dit Bossuet, craint et respecté, non comme un conquérant, mais comme un Dieu ; il mourut à l'âge de trente-trois ans, au milieu des plus vastes desseins qu'un homme ait jamais conçus, sans avoir eu le loisir d'établir solidement ses affaires, et laissa l'immense empire qu'il avait conquis entre les mains d'un frère imbécile et d'enfants en bas âge, incapables de soutenir un si grand poids.

M. GIRARD.

Il fut donc le dernier roi de sa race ; la Macédoine elle-même, son ancien royaume, fut envahie de tous côtés comme une succession vacante, et passa enfin à une autre famille, après avoir subi longtemps la proie du plus fort.

L'ABBÉ MOREAU.

Voilà donc le fruit de tant de conquêtes!

M. D'HARVILLE.

Au surplus, Alexandre n'apporta que fort peu de modifications dans les institutions de l'Égypte, où il ne fit d'ailleurs qu'un séjour de peu de durée. Il laissa aux Égyptiens le libre exercice de leur religion, et

consentit même à ce qu'ils fussent gouvernés par un des leurs, nommé
Doloa-pe.

Après sa mort, comme nous l'avons dit précédemment, son empire
se trouva partagé en quatre royaumes, qui furent attribués à ses principaux lieutenants, *Ptolémée, Cassandre, Séleucus* et *Lysimaque.*

L'ABBÉ MOREAU.

C'était l'accomplissement de la prophétie de Daniel.

M. D'HARVILLE.

Vous avez raison ; mais ce ne fut qu'après vingt années de luttes
sanglantes, qui se terminèrent par la bataille d'Ipsers, en l'an 301
avant Jésus-Christ, que ces quatre prétendants conclurent un traité
solennel, par suite duquel l'Egypte échut au premier d'entre eux,
Ptolémée-Soter y fonda une dynastie qui ne fut pas sans gloire, et
qui s'éteignit dans la personne de la célèbre Cléopâtre, l'an 30 avant
Jésus-Christ, époque où l'Egypte devint province romaine.

Je viens de vous dire que la dynastie des Ptolémées ne fut pas sans
gloire ; mais cela ne s'applique ou ne doit s'appliquer qu'aux trois
premiers princes de cette famille, leurs successeurs n'ayant acquis de
célébrité que par leurs crimes atroces.

Mais Ptolémée-Soter, Ptolémée-Philadelphe et Ptolémée-Evergète,
les trois premiers rois de cette race, encouragèrent les sciences et les
lettres, firent de l'Egypte la première puissance maritime du monde,
et employèrent tous leurs efforts à maintenir la paix avec leurs voisins.

M. GIRARD.

C'est Ptolémée-Soter qui fonda le musée et la bibliothèque dont
nous avons déjà parlé.

M. D'HARVILLE.

Son fils Philadelphe fit construire le phare d'Alexandrie, qui ont
compté au nombre des merveilles de l'ancien monde.

EDOUARD.

Qu'est-ce qu'un *phare ?*

M. D'HARVILLE.

C'est un signal de nuit qui avertit les navigateurs de l'approche de la terre ou de quelque écueil ; on se sert ordinairement pour cela d'un feu allumé sur une montagne ou sur une tour.

M. GIRARD.

Ce mot vient sans doute de Pharos, nom de l'île où fut élevé celui dont nous parlons. Cependant l'histoire en mentionne un plus ancien qui était placé en Grèce, sur le promontoire de Sigée.

M. D'HARVILLE.

Le phare d'Alexandrie fut construit par l'architecte *Sostrate ;* il avait, si l'on en croit les historiens arabes, mille coudées de hauteur.

M. GIRARD

Cela n'est pas croyable, car cela supposerait de quatre à cinq cents mètres de haut.

M. D'HARVILLE.

En effet, c'est peu vraisemblable ; du reste, au XIIᵉ siècle, elle avait été en partie démolie par un tremblement de terre, et sa hauteur n'était plus que de cent trente-cinq mètres.

Les mêmes historiens affirment que cette tour contenait, à l'intérieur, une grande quantité de pièces, et que les escaliers étaient si habilement construits, qu'un cheval y pouvait monter facilement. En 1304, un nouveau tremblement de terre détruisit complètement ce curieux édifice, et il n'en resta plus que de légers vestiges.

M. GIRARD.

Les phares sont aujourd'hui fort communs sur nos côtes et sur celles de l'Angleterre ; et, grâce aux systèmes fort ingénieux d'éclairage qui y sont employés, ils rendent de très grands services à la navigation. Un des plus célèbres est celui que l'on a établi à l'embouchure de la Gironde, sur les rochers de Cordouan. Sa lumière s'aperçoit de fort loin sur la mer, et comme elle change de couleur, on ne peut la confondre, dans l'obscurité de la nuit, avec les autres feux de la côte.

ERNEST.

N'est-ce point sous le règne de Ptolémée-Philadelphe et par son ordre que fut faite la célèbre traduction de l'Ancien Testament que l'on appelle la *Version des septante?*

M. D'ARVILLE.

En effet, mon ami, et nous ne devons point omettre un fait aussi intéressant; j'allais prier l'abbé Moreau de nous en dire quelques mots.

L'ABBÉ MOREAU.

Ce fut vers l'année 285 avant l'ère de Notre-Seigneur que le roi Ptolémée-Philadelphe, qui s'occupait de réunir, dans la bibliothèque fondée par son père à Alexandrie, les livres les plus rares et les plus curieux, apprit que les Juifs en possédaient un qui contenait les lois de Moïse, l'histoire de la création et celle du peuple de Dieu. Le prince éclairé résolut aussitôt de le faire traduire en grec ; il envoya donc au grand-prêtre Éléazar des ambassadeurs chargés de magnifiques présents, et en obtint une copie en langue hébraïque des livres saints. Cette copie était écrite en lettres d'or, et le grand-prêtre ayant fait choix de six interprètes dans chacune des douze tribus leur ordonna de se rendre à Alexandrie.

Saint Justin affirme que ces soixante-douze traducteurs furent renfermés chacun dans une cellule séparée, sans pouvoir communiquer entre eux pendant leur travail ; mais que, du reste, leurs versions se trouvèrent tellement semblables, qu'on ne put y trouver un seul mot différent.

La version des Septante peut être appelée l'œuvre de Dieu ; elle est encore en usage dans les églises d'Orient, et son texte fut le seul adopté par l'Eglise catholique-romaine pour être traduit en langue latine.

M. D'HARVILLE.

Les faits dont vous venez de parler sont fort remarquables.

M. GIRARD.

Cet ouvrage des Septante fut un des résultats les plus considérables des conquêtes grecques en Orient ; car en portant l'ancien Testament à la connaissance des peuples il les préparait à la prédication de l'Evangile.

M. D'HARVILLE.

Avant de quitter Ptolémée-Philadelphe et la dynastie des Lagides pour passer à la domination romaine, je vous ferai remarquer que ce prince éclairé s'occupa, à l'exemple de Nécos, d'établir une communication entre les deux mers, et entreprit de grands travaux pour terminer jusqu'au golfe *Héroopolite* le canal dérivé du Nil, que le Pharaon n'avait pu conduire jusque là.

Il parvint à surmonter les obstacles qui avaient arrêté ce dernier ; mais son œuvre, sur laquelle nous aurons occasion de revenir, ne fut pas de longue durée, car le canal se trouvait détruit en partie ou obstrué au temps de la reine Cléopâtre, qui essaya, mais en vain, après la bataille d'Actium, de sauver les vaisseaux qui lui restaient en les faisant passer dans la mer Rouge.

M. GIRARD.

Au surplus, Ptolémée-Philadelphe lui-même n'avait pas une confiance illimitée dans le résultat de ces travaux, puisqu'à la même époque il s'occupa de créer à l'Egypte une seconde voie de transit.

M. D'HARVILLE.

En effet, il établit une route magnifique bordée de puits et de *mansioni* ou *caravansérails*, entre *Bérénice*, ville qu'il fonda sur la mer

Rouge, et *Coptos*, qui était située dans la haute Egypte, sur les bords du Nil.

M. GIRARD.

C'est par cette voie nouvelle, qui acquit plus tard une grande importance, que les caravanes transportaient les marchandises du Nil à la mer Rouge et réciproquement.

M. D'HERVILLE.

Mais nous voici arrivés à l'époque de la domination romaine. Cette période, qui dura près de sept siècles, de l'an 31 avant Jésus-Christ jusqu'à l'an 649 de l'ère chrétienne, ne nous arrêtera que fort peu de temps.

Ce fut après la bataille d'Actium que l'Egypte fut incorporée à l'empire romain.

M. GIRARD.

L'importance de cette province fertile était si bien appréciée par ses nouveaux maîtres, qu'Auguste rendit une loi par laquelle il était défendu à tout romain ayant le rang de consul ou même de simple chevalier, de s'y rendre sans la permission expresse de l'empereur.

M. D'HARVILLE.

Le but de cette loi, qui semble bizarre, était évidemment d'empêcher les hommes politiques de quelque importance d'essayer de se rendre indépendants dans ce *grenier de l'Italie*, faute duquel la famine eût bientôt désolé Rome et la plus grande partie des provinces européennes.

L'ABBÉ MOREAU.

Nous devons ici rappeler que le christianisme s'introduisit en Egypte vers le 1er siècle après notre Seigneur; ce fut saint Marc, l'évangéliste, qui y fonda la première église chrétienne; notre sainte religion y fit tout d'abord de grands progrès, et tant qu'Alexandrie fut le foyer de la science grecque, cette ville demeura le théâtre de la lutte chrétienne contre le paganisme et les innovations schismatiques fort communes à cette époque.

M. GIRARD.

Ce ne fut cependant que vers la fin du vi° siècle que le paganisme disparut complétement de l'Egypte, et que le culte d'Isis fut supprimé à *Philæ*.

M. D'HARVILLE.

A l'époque du partage de l'empire romain, l'an 395 de l'ère chrétienne, l'Egypte fut adjugée à l'empire d'Orient, qui eut pour capitale Bysance; elle participa à sa décadence jusqu'au moment de la conquête des Arabes.

Durant cette période le commerce de l'Orient continua de suivre la route de terre dont nous avons parlé, allant du Nil à la mer Rouge; cependant il existait une autre voie de transit qui, partant du golfe Persique, traversait la Mésopotamie et venait aboutir, par la mer Caspienne et la mer Noire, à la Méditerranée; mais elle avait bien moins d'importance que la première.

Sous le règne de Trajan une famine terrible occasionnée par l'insuffisance de la crue du Nil, vint ravager l'Egypte, et il fallut que l'Italie vint à son tour au secours de cette province, son *grenier* habituel.

L'empereur, voulant parer à de semblables éventualités, ordonna alors des travaux de canalisation, qui furent commencés sous son règne, et continués par Adrien, son successeur.

M. LAROQUE.

Ces travaux eurent-ils pour but de rétablir la communication entre le Nil et la mer Rouge?

M. D'HARVILLE.

On ne peut guère le supposer; le canal tracé par ces deux princes, et qui reçut le nom de *Trojanus amnis*, servait probablement à l'irrigation de la province *augustannique* ou à quelque trafic local; car le célèbre Ptolémée, contemporain d'Adrien, ne fait nulle part, dans son ouvrage sur la géographie, mention d'un canal navigable qui ait été exécuté ou restauré par cet empereur.

L'histoire d'Egypte, pendant les derniers temps de la domination romaine, ne fut pas sans quelque splendeur, et les villes de Tunis, d'Alexandrie, de Péluse, conservèrent une certaine importance, même après la conquête des Arabes.

Ce fut Amrou, lieutenant d'Omar, qui fit cette conquête ; la population, composée de Grecs et de *Coptes*, n'opposa que fort peu de résistance à l'invasion ; Alexandrie seule, défendue par le gouverneur envoyé par Héraclius, ne se rendit qu'après un siège de quatorze mois, durant lequel il périt, dit-on, vingt mille des assiégeants.

Cette conquête introduisit en Egypte la religion de Mahomet, et la population arabe, qui ne tarda pas à acquérir une grande prépondérance sur les anciens habitants, les *Coptes*, furent presqu'entièrement exterminés à cette époque.

CHARLES.

Vous nous avez parlé des *Coptes* ; qu'était-ce donc que cette race ?

M. D'HARVILLE.

On donnait ce nom aux chrétiens d'Egypte ; il tirait sans doute son origine de celui de Coptos, ville où ils se trouvaient en grand nombre.

L'ABBÉ MOREAU.

Il me semble plutôt dérivé, par corruption, de celui de *Jacobites*, qu'ils portaient également, et qui (je parle de ce dernier nom), provenait de celui de *Jacob*, qui se sépara de l'église catholique vers la fin du vi[e] siècle, et fonda une secte qui embrassa bientôt toute l'Egypte. Les Coptes ont été aussi appelés *Monophysites*, parce qu'ils professaient le dogme de l'unité de nature de notre Seigneur Jésus-Christ.

M. D'HARVILLE.

A l'époque de l'invasion des Arabes, la population *copte* était d'environ six cent mille ; mais aujourd'hui elle ne dépasse guère cent mille, dont près de dix mille exercent dans la ville du Caire toutes sortes de professions ; quant aux autres, ils habitent la campagne et travaillent la terre, mêlés aux fellahs ou paysans arabes.

Amrou fut le premier gouverneur de l'Egypte, qu'il administra avec beaucoup de sagesse ; on lui attribue le projet d'un canal direct entre les deux mers, projet qui, disent les historiens, fut repoussé par Omar, dans la crainte que cette voie de communication n'attirât les corsaires de la Méditerranée ; mais cette assertion semble fort contestable.

M. GIRARD.

En effet, il eut été bien téméraire de songer à une pareille entreprise en présence des difficultés que présentait le terrain, et avec des moyens d'action encore si imparfaits

M D'HARVILLE.

Un travail qui fut véritablement exécuté par le lieutenant d'Omar, ce fut l'élargissement du canal des Ptolémées, qui joignait le Nil à la mer Rouge ; il ne faut pas croire cependant qu'il eut pour but de rendre aux navires cette voie de transit ; non, il fut fait seulement pour permettre aux embarcations de l'intérieur d'arriver jusqu'à la mer Rouge pour apporter en Arabie les approvisionnements que fournissait l'Egypte.

Et voici à quelle occasion il fut exécuté.

En l'année 639, c'est-à-dire au moment de la conquête, une famine terrible ravagea Médine et l'*Hedjaz*, et sur l'ordre d'Omar, Amrou y envoya d'Egypte les denrées nécessaires à la subsistance ; mais ces approvisionnements furent faits avec beaucoup de lenteur, au moyen des caravanes, et pour faciliter dans l'avenir de semblables transports, on exécuta le canal dont nous venons de parler, et qui reçut le nom de *canal du prince des fidèles.*

La rapidité avec laquelle fut fait ce travail, qui dura moins d'un an, et l'absence de tous vestiges importants, prouve la vérité de ce que nous venons de dire.

Au surplus, d'après quelques auteurs, il fut détruit, vers l'année 770, par l'ordre d'un calife qui voulut affamer la ville de Médine, révoltée contre lui.

M. GIRARD.

D'autres historiens prétendent que ce canal ne fut pas détruit volontairement, mais ensablé à la longue et faute d'entretien.

M D'HARVILLE.

L'évènement le plus saillant qui eut lieu sous la domination arabe, nous retiendra quelques instants ; je veux parler des croisades ; mais l'heure est trop avancée pour entamer ce sujet plein d'intérêt pour les peuples chrétiens, et nous le renverrons à demain.

CHAPITRE VII.

—

SEPTIEME SOIRÉE

L'ABBÉ MOREAU.

En introduisant en Egypte une nouvelle religion et un nouveau peuple, l'invasion arabe dut nécessairement modifier d'une manière sensible les usages et les institutions civiles ou politiques du pays.

M. GIRARD.

Cette modification, qui vous semble naturelle, ne s'opéra que jusqu'à un certain point; les peuples conquérants, dans les temps anciens aussi bien que dans les temps modernes, n'arrivent que difficilement à s'assimiler les nations vaincues; ils en adoptent plutôt eux-mêmes les mœurs et les usages.

Voy. à l'isthme de Suez.   8

M. D'HARVILLE

Il en fut ainsi en Egypte; cette province, détachée de l'empire grec continua d'être régie par le même système, et fut livrée à des gouvernements sans cesse renouvelés, qui soumirent les habitants à des exactions de plus en plus onéreuses; aussi la situation de ce malheureux pays devint-elle tout-à-fait misérable.

Cependant en 868, un nouveau représentant du calife, à qui les historiens donnent le nom de *Touloun*, essaya de se rendre indépendant; mais ce fut pour fort peu d'années, et l'Egypte retomba sous la domination des califes de *Bagdad*.

Ce fut sous le règne de *Djouhar*, fondateur de la dynastie *fatimite*, que s'éleva la ville du Caire, *Masr-el-Kahirah*, la victorieuse, qui est restée jusqu'à nos jours la capitale de l'Egypte.

M. GIRARD.

C'est un fait à remarquer dans l'histoire de ce pays, que chacun de ses maîtres a voulu à son tour avoir sa capitale; après Thèbes, Memphis, après Memphis, Babylone, capitale des gouverneurs de la Perse.

L'ABBÉ MOREAU.

Après Babylone, Alexandrie, qui fut celle des Ptolémées, et enfin le Caire.

M. D'HARVILLE.

Encore n'avons-nous pas cité toutes les villes qui portèrent en Egypte le titre de capitales.

La ville du Caire est située sur la rive droite du Nil, au pied d'une montagne appelée *Mokattam*, sur les flancs de laquelle le sultan Saladin, célèbre dans l'histoire des croisades, fit construire une citadelle qui a trois kilomètres de circonférence et où se trouvent une foule de monuments élevés par les souverains. On y remarque *le divan et le Puits de Joseph*, œuvres de Saladin qui portait ce prénom:

CHARLES.

Qu'est-ce que le divan?

M. D'HARVILLE.

On appelle divan la réunion des ministres ou du conseil d'état; et la salle où ils se réunissent porte le même nom. Le divan de Joseph est très grand et soutenu par trente-deux colonnes de granit

Quant au Puits de Joseph, il sert à pourvoir d'eau la citadelle; sa profondeur dans le roc est de quatre-vingt-trois mètres, et sa circonférence de vingt mètres

AUGUSTE.

Comment tire-t-on de l'eau à une aussi grande profondeur?

M. D'HARVILLE.

Une double roue à godets mue par des bœufs élève les eaux jusqu'au niveau du sol.

La ville du Caire a environ deux cent mille habitants de différentes nations et de diverses religions; toutefois les musulmans forment les trois quarts de cette population.

Méhémet-Ali y a créé, ainsi qu'à Alexandrie, plusieurs établissements à l'européenne, et notamment une école de médecine et une école militaire.

Les rues de cette ville, comme celles de toutes les villes arabes, sont étroites et tortueuses; mais on y trouve des places immenses: celle de l'Esbikich, où Bonaparte avait établi son quartier général, est aussi grande que le Champ-de-mars; au moment de la crue du Nil, elle est complètement inondée, et on ne peut la traverser qu'en bateau.

Je crois vous l'avoir déjà dit, que les environs du Caire sont d'une grande beauté; le bourg de Gizeh, que l'on traverse pour se rendre aux pyramides, et qui fut le séjour des anciens beys, est dans une oasis ravissante, arrosée par de nombreux ruisseaux et plantée d'arbres fruitiers de toute espèce.

La ville du Caire, reliée par deux chemins de fer avec celles d'Alexandrie et de Suez, peut être considérée comme le centre de la science et de l'art arabes; rendez-vous des divers peuples de l'Europe et de l'Asie, on peut dire que c'est l'une des villes les plus remarquables de l'Orient.

La dynastie des Fatimites était encore au pouvoir à l'époque des croisades, dont j'ai promis de vous parler aujourd'hui. Vous connaissez tous la noble et sainte cause qui porta les chrétiens d'Europe à entreprendre ces lointaines expéditions; vous savez aussi que ces expéditions, dont les résultats matériels furent en apparence désastreux, puisqu'elles coûtèrent la vie à plus de six millions de chrétiens, firent faire un pas immense à la civilisation, en affranchissant les serfs, et en établissant des relations entre des peuples, qui, à cette époque de barbarie, ne se connaissaient pas même de nom.

Je vous rappellerai seulement que le but des croisades fut de venir au secours des chrétiens d'Orient opprimés par les infidèles, d'arracher la Terre-Sainte aux musulmans, et par là de rendre la sécurité aux pèlerins, qui, à cette époque de foi sans bornes, accouraient des extrémités de l'Europe, pour visiter ce   terre de la Palestine sanctifiée par les pas du Sauveur, et s   e cette route sanglante du Calvaire qu'il parcourut dans sa douloureuse passion.

L'ABBÉ MOREAU.

Cette pieuse coutume s'établit en effet dès les premiers siècles de l'Église, et nous savons que sainte Hélène fit elle-même, malgré son grand âge, un voyage à Jérusalem, où son fils, Constantin-le-Grand avait fait construire une église magnifique sur l'emplacement du Saint-Sépulcre.

M. D'HARVILLE.

Lorsque, vers la fin du viiie siècle, les musulmans se rendirent maîtres de Jérusalem, ils n'apportèrent tout d'abord aucun obstacle à ces pèlerinages, et permirent aux chrétiens d'y construire des églises, et même un hôpital sous l'invocation de saint Jean-Baptiste.

M. GIRARD

Il est probable que cette tolérance était fort chèrement payée par les chrétiens.

M. LAROQUE

Les musulmans, ceux du moins que j'ai vus en Afrique, partagent jusqu'à un certain point la vénération que nous avons pour notre Seigneur Jésus-Christ.

M. GIRARD.

Jérusalem est aussi pour eux la ville sainte.

M. LAROQUE.

Les marabouts psalmodient dans les mosquées un cantique qui contient un remarquable passage : *Notre seigneur Abraham est le chéri de Dieu ;*

Notre seigneur Moïse est le pasteur de Dieu ;

Notre seigneur Aïssa (Jésus-Christ), est l'âme de Dieu ;

Mais notre seigneur Mahomet est le prophète de Dieu

M. GIRARD.

Le plus grand reproche que Mahomet faisait aux chrétiens, c'était d'adorer Jésus-Christ comme Dieu, car il en fait lui-même l'éloge et l'appelle *son frère* dans plusieurs passages du Coran,

M. LAROQUE

Les Arabes ont une multitude de légendes et paraboles où se trouve mêlé le nom d'*Aïssa* et de *Chi-Tann* (Jésus-Christ et Satan). Quelques-unes m'ont paru dignes d'être conservées.

AUGUSTE.

Voulez-vous nous en conter une?

M. LAROQUE.

Volontiers; voici la plus célèbre, celle de Jésus et du Diable.

Un jour *Sidna-Aïssa* rencontra *Chi-Tann* qui poussait devant lui quatre ânes pesamment chargés :

— *Chi-Tann*, lui dit il, tu t'es donc fait marchand?

— Oui, seigneur, et je ne puis suffire au débit de mes marchandises.

— Quel commerce fais-tu donc?

— Un excellent, seigneur : de ces quatre ânes que j'ai choisis parmi les plus forts de la Syrie, l'un est chargé d'injustices.

— Qui t'en achètera?

— Les califes; le second est chargé d'envies pour les savants; le troisième de vols pour les marchands.

— Et le quatrième?

— Le quatrième, seigneur, porte à la fois, avec des perfidies et des ruses, un assortiment de séductions qui tiennent de tous les vices, et je ne manquerai pas d'acheteurs.

— Méchant, Dieu te maudisse!

— Que m'importe, si je gagne, répond l'esprit tentateur.

M. D'HARVILLE.

Cette parabole est bien dans l'esprit oriental: mais revenons aux croisades : la tolérance pour le culte chrétien, cessa lorsque la Palestine tomba au pouvoir des califes fatimites; dès ce moment les pèlerins furent l'objet d'avanies de toute espèce.

L'ABBÉ MOREAU.

Un de leurs plus ardents persécuteurs fut le calife Hakem, qui cependant était fils d'une chrétienne.

M. GIRAUD.

Il voulait sans doute écarter aussi tout soupçon de la part de ses sujets, qui pouvaient supposer qu'il pactisait en secret avec les doctrines chrétiennes.

M. D'HARVILLE.

Lorsque la dynastie des *Seldjoucides* monta sur le trône de Bagdad, et s'empara de Jérusalem en 1075, l'oppression devint plus insupportable encore, et le culte chrétien fut proscrit dans toute l'Asie.

L'ABBÉ MOREAU.

Ce fut alors que retentit la voix du célèbre Pierre-l'Ermite; ce fut alors qu'émus par le récit des souffrances de leurs frères d'Orient, les princes chrétiens résolurent de voler à la délivrance du Saint-Sépulcre et se croisèrent en foule avec toute leur noblesse au cri de *Dieu le veut.*

M. D'HARVILLE.

Le 15 juin 1099, l'armée des croisés s'empara de Jérusalem, où fut fondé un royaume chrétien, dont la durée ne fut pas d'un siècle.

L'Egypte ne se trouva point tout d'abord mêlée à cette grande querelle; cependant à l'époque de la troisième croisade, Baudouin Ier, empereur de Constantinople, s'empara de *Farmah,* et aurait sans doute soumis toute l'Egypte, s'il n'avait pas été frappé de mort subite.

Plus tard, et au moment de la quatrième croisade, le comte *Guillaume de Hollande* débarqua en Egypte et s'empara de Damiette, le 5 novembre 1219; mais ce succès fut peu durable, et deux ans après, Damiette retomba au pouvoir des infidèles

La septième croisade eut l'Egypte seule pour théâtre, et nous allons en dire quelques mots. Elle fut entreprise par le saint roi de France, Louis IX. A cette époque l'armée chrétienne d'Orient avait été complétement battue sous les murs de *Gaza*, par les *Corasmiens*, peuple descendu des Parthes qui se préparait à envahir l'Egypte après avoir ravagé la Perse. A la nouvelle de ce désastre, auquel avaient à peine échappé quelques chevaliers, le pape convoqua un concile à Lyon, et fit appel aux princes chrétiens d'Occident; mais le roi de France seul y répondit et se dévoua pour la délivrance de la cité sainte.

L'ABBÉ MOREAU.

Le sire de Joinville, maréchal de Champagne, qui écrivit l'histoire de ce règne intéressant, et qui fit lui-même partie de l'expédition, raconte que le saint roi prit la croix dans une maladie fort grave à laquelle il n'échappa que par une protection spéciale de Dieu.

M. D'IIAVILLE.

Laissant la régence à sa mère, la pieuse reine Blanche, Louis IX s'embarqua au port d'Aigues-Mortes à la tête de ses vassaux; il était accompagné de sa femme et de ses deux frères Robert et Charles.

Cette armée pleine de foi s'éloigna des côtes de France en chantant le *Veni Creator*, et sans avoir subi aucune perte, arriva à l'île de Chypre, où l'on passa la saison d'hiver.

Au printemps suivant, le roi, décidé à se rendre maître tout d'abord de l'Egypte, envoya, suivant l'usage chevaleresque de l'époque, défier le sultan *Melek-Salah*, qui régnait alors dans ce pays. Celui-ci, bien que dangereusement malade, répondit avec beaucoup de fierté, et se prépara à une défense formidable.

Les croisés quittèrent l'île de Chypre, et, après avoir été assaisis par une affreuse tempête où périrent plus de deux mille chevaliers, débarquèrent à Damiette qui fut prise à la suite d'une bataille où le roi fit preuve du plus grand courage.

M. GIRARD.

La conquête de l'Egypte eut été certaine si l'armée se fut, ainsi que le proposait le roi lui-même, immédiatement avancée vers le Caire.

M. D'HARVILLE.

Malheureusement on retarda jusqu'au mois de novembre, pour attendre l'arrivée des renforts que le comte de Poitiers conduisait au roi son frère.

Enfin, les croisés se mirent en marche sur les bords du Nil, *de ce Nil*, dit Joinville, *qui sort du Paradis-Terrestre, auquel les anciens Egyptiens sacrifiaient une jeune fille.*

Au village de la *Massoure*, le comte d'Artois, qui commandait l'avant-garde, fut tué avec un grand nombre de chevaliers; les Egyptiens, fiers de ce succès, se jetèrent sur les troupes du roi lui-même; ils furent repoussés dans un premier combat, mais le lendemain, l'armée chrétienne fut obligée, après des prodiges de valeur, de battre en retraite et de reprendre le chemin de Damiette; diminuée de plus de moitié, décimée par la peste et la famine, elle ne put longtemps résister aux attaques des Arabes, et le petit nombre de chevaliers qui avaient survécu, se vit contraint de mettre bas les armes; le roi lui-même fut fait prisonnier. Les troupes restées à Damiette furent aussi obligées de se rendre, et les Sarrazins égorgèrent tous ceux qu'ils ne pouvaient mettre à rançon.

M. GIRARD.

Joinville raconte que la reine Marguerite, qui était aussi restée à Damiette, sous la garde d'un chevalier âgé de quatre-vingts ans, le fit appeler, lorsqu'elle apprit cette affreuse nouvelle, et lui parla ainsi : — Me promettez-vous, bon chevalier, de faire ce que je vous demanderai? — Sur l'honneur, je vous le promets, madame. — Eh bien, si les Sarrazins entrent dans Damiette, vous me tuerez; vous le jurez? — J'y pensais, madame, répondit le vieux chevalier, et je le ferai.

M. D'HARVILLE.

Le sultan Toman-chah, qui avait fait le roi prisonnier, voyant bientôt que les menaces et les outrages ne pouvaient ébranler sa fermeté, songea à le mettre à rançon. Il demanda un million de besants d'or pour le rachat de toute l'armée : les rois ne se rachètent pas avec de l'or, répondit le roi de France, je donnerai Damiette pour ma rançon, et le million pour celle des autres.

ERNEST.

Qu'elle était la valeur de cette rançon?

M. D'HARVILLE.

Joinville l'évalue à cinq cent mille livres, somme énorme pour cette époque.

M. GIRAUD.

En effet, car la dot de la reine Marguerite, fille du comte de Provence, n'avait été que de vingt mille livres.

M. D'HARVILLE.

Cette somme fut exactement payée au terme convenu, le saint roi ayant un respect religieux pour sa parole.

Il courut un nouveau danger avant de quitter l'Egypte; le sultan ayant été assassiné, ses meurtriers se présentèrent devant Louis IX, leurs sabres rouges de sang. Mais son courage et sa résignation désarmèrent ces barbares.

L'ABBÉ MOREAU.

Ils lui offrirent même de le proclamer roi d'Egypte.

M. D'HARVILLE.

Le successeur du sultan assassiné, ayant accepté les conditions
de rachat convenues avec le roi prisonnier, ce dernier quitta
l'Egypte avec six mille hommes, seuls restes de sa vaillante armée, et se rendit à Saint-Jean-d'Acre, où il séjourna jusqu'à
ce que la mort de sa mère, arrivée au mois de novembre 1252,
l'obligea à rentrer en France. Pendant ce long séjour, sa dou-
ceur et sa piété excitèrent l'admiration des peuples mêmes qu'il
était venu combattre; il employa à améliorer la situation des
chrétiens d'Orient, fit rebâtir la ville de Gaza, conclut divers
traités avec les infidèles, et rétablit les remparts de plusieurs
villes de Syrie.

Vous savez que ce saint roi, de retour en Europe, voulut
quelques années plus tard, entreprendre une nouvelle croisade,
qui fut la dernière Il vint débarquer auprès des ruines de l'ancienne Carthage, et mourut de la dyssenterie, au milieu de son
armée en donnant les marques de la piété la plus sincère et de
la foi la plus vive.

L'ABBÉ MOREAU.

Seigneur, dit-il au moment de sa mort, j'entrerai dans votre
saint temple, et je glorifierai votre nom.

M. D'HARVILLE.

Ce récit, si intéressant qu'il soit, nous éloignerait de notre
sujet, revenons à l'histoire d'Egypte.

Parmi les princes ou sultans qui succédèrent à *Toman-Chah*,
nous ne citerons que les plus remarquables, avant d'arriver à
notre époque.

Barkouk qui monta sur le trône, vers 1382, eut la gloire

d'arrêter *Timour-Lenk*, si connu sous le nom de *Tamerlan*, et qui remplissait alors le monde du bruit de ses conquêtes.

En l'année 1517, le sultan d'Egypte ayant été vaincu par Sélim, qui régnait alors à Constantinople, ce dernier ramena ce pays sous sa domination, et en fit une province de son empire, gouvernée par des pachas.

Cet état de choses dura trois siècles, jusqu'à l'avènement d'*Aly-Bey*, qui osa se déclarer indépendant et reçut du chérif de la Mecque le titre de *sultan, roi d'Egypte et dominateur des deux mers.*

Je citerai encore le nom d'*Ismaïl-Bey*, sous le règne duquel l'Egypte fut ravagée par une peste affreuse; enfin, *Ibrahim* et *Mourad-Bey* que l'expédition française en Egypte rendit si célèbres.

M. LAROQUE.

J'espère que vous allez nous donner de longs détails sur cette expédition, qui tient une page si glorieuse dans notre histoire.

M. LOMBARD.

Elle appartient presque à l'époque contemporaine, et cependant la grandeur de l'homme qui la conçut, l'héroïsme de l'armée qui l'exécuta, la célébrité acquise plus tard par le plus grand nombre de ceux qui s'y associèrent, semblent la reporter aux siècles passés et lui donnent à nos yeux la teinte légendaire des héros de la grise ou des chevaliers de la table ronde.

L'ABBÉ MOREAU.

Je ne partage pas l'enthousiasme de M. Lombard, et, sans affirmer, comme l'ont fait quelques historiens, que cette expédition fut un coup de tête, ne peut-on cependant regarder comme une faute d'avoir aventuré au loin les forces de la France, en enlevant à la défense de son territoire quarante ou cinquante mille hommes, au moment où elle courait le risque d'être démembrée par la coalition.

Permettez-moi mon cher ami, de réclamer contre cette asser-tion, d'abord, et comme on vous le dira tout-à-l'heure, il s'agis-sait de rendre la sécurité à nos compatriotes établis en Egypte, et qui se trouvaient menacés dans leur vie et dans leur fortune; de plus cette expédition avait l'avantage, à cette époque de lutte avec l'Angleterre, d'obliger cette puissance à concentrer ses forces militaires dans la mer des Indes pour veiller sur ses colonies.

Du reste le projet de s'emparer de l'Egypte n'était pas nou-veau en Europe, la situation géographique de cette fertile contrée donnait une grande importance à sa possession, et plus d'un gou-vernement l'avait déjà compris Au XVe et au XVIe siècles l'Espagne, l'Angleterre et la république de Venise essayèrent tour-à-tour d'y faire prévaloir leur influence.

Dans le cours du XVIIe, le célèbre Leibnitz, l'un des génies les plus éclatants de l'époque moderne, par son universalité et ses grandes découvertes, proposa à Louis XV, *un plan d'invasion et de colonisation de l'Egypte, projet le plus grand de ceux qui puissent être entrepris, et le plus facile de tous les grands pro-jets.*

Un siècle plus tard, le duc de Choiseul, ministre du roi Louis XV, prévoyant la prochaine émancipation des colonies anglo-américaines et craignant que cette révolution n'entraînât la perte des établissements français, chercha à obtenir, par la voie des négociations, la cession de l'Egypte à la France comme un dédommagement

Enfin, à l'époque où Joseph II, empereur d'Autriche et l'im-pératrice de Russie, Catherine, menaçaient de se partager la

Turquie, plusieurs mémoires furent adressés aux ministres du roi
de France, sur les moyens de soumettre l'Egypte, et sur les
avantages que cette conquête assurerait à la France, en suivant
les établissements anglais dans l'Inde, et en mettant, par la
possession de la mer Rouge, tout le commerce de l'Orient entre
nos mains

M. D'HARVILLE

Il était réservé à l'homme le plus étonnant de notre siècle
de tenter cette grande entreprise, qui fut, comme vous le voyez,
le rêve de tous les gouvernements d'autrefois; elle n'eut pas, il
est vrai, tout le succès que l'on pouvait en attendre, car la
domination française en Egypte ne dura que trois ans, et cette
conquête éphémère ne laissa en apparence, aucun résultat politique; cependant, s'il m'est permis de comparer les deux plus
grandes expéditions de l'âge moderne, celle d'Egypte a, comme
les croisades, fait faire un pas immense à la civilisation. Les
savants, en effet, y prirent une part aussi active que les généraux; et leurs découvertes pleines d'intérêt, au point de vue de
l'archéologie, de la physiologie et de la physique, firent connaître
au monde l'antique civilisation égyptienne.

Ajoutons enfin, que cette occupation, si courte qu'elle fut,
laissa de profondes traces en Egypte; aujourd'hui encore le nom
de Bonaparte est respecté des indigènes, et le souvenir de notre
glorieuse armée tient une grande place dans leurs traditions.

M. GIRARD.

Aussi est-ce du côté de la France que s'est tourné l'Egypte,
lorsqu'elle a senti le besoin de s'associer à la civilisation européenne; c'est à la France qu'elle a demandé des officiers in-
structeurs pour son armée, des ingénieurs, des architectes, des
médecins; c'est la France enfin qui a permis aux enfants de

l'Egypte de venir dans nos écoles entendre les leçons de nos professeurs de science et de belles lettres.

CHARLES.

Un certain nombre de jeunes égyptiens ont en effet suivi les cours de l'école polytechnique et de l'école centrale.

M. D'HARVILLE.

Nous ne pouvons entreprendre le récit détaillé de cette expédition ; nous rappellerons seulement les principaux faits qui en signalèrent le cours.

Mme GIRARD

Cela nous conduirait trop tard, si vous entamiez cette partie intéressante de vos études ; ne voulez-vous point la remettre à demain ?

M. D'HARVILLE.

Vous avez raison, ma sœur, à demain donc.

CHAPITRE VIII.

—

HUITIÈME SOIRÉE.

M. D'HARVILLE.

M. Girard vous disait hier, que le gouvernement français, (c'était alors le directoire), se détermina à entreprendre la conquête de l'Égypte, à la suite des plaintes que lui adressèrent les négociants français établis à Alexandrie et au Caire, et qui se trouvaient depuis longtemps en butte à des exactions de toute espèce, suscités par l'influence de l'Angleterre et de la Russie.

M. GIRARD.

Ces deux puissances étaient alors en guerre avec la République française, et ne perdaient aucune occasion de porter atteinte à ses intérêts.

M. D'HARVILLE.

La direction de l'entreprise fut confiée au général Bonaparte, déjà célèbre par la conquête de l'Italie.

M. GIRARD.

Depuis longtemps déjà le général songeait à cette conquête qui souriait à sa jeune ambition : *Il n'y a que dans l'Orient que se font les grandes réputations militaires; l'Europe est trop petite,* disait-il en Italie, au moment de conclure le traité de Campo-Formio. Plus tard, au mois d'août 1797, il écrivait aux membres du directoire : *Les temps ne sont pas éloignés où nous sentirons que, pour détruire véritablement l'Angleterre, il faut nous emparer de l'Egypte.*

M. D'HARVILLE

Le gouvernement directorial, à qui la célébrité du général et l'ascendant qu'il avait conquis sur l'armée, ne laissit pas que de porter quelque ombrage, saisit avec ardeur ce moyen de l'éloigner, mais laissa d'ailleurs à son entière direction tous les détails de l'entreprise, et le choix des hommes qui devaient l'accompagner.

M. GIRARD.

Combien d'entre eux sont plus tard devenus célèbres! Qui ne connaît les noms des généraux *Berthier, Desaix, Kléber, Lannes, Murat, Leclerc, Davoust,* des savants *Monge, Denon, Forrier, Lepire, Laneret, Dolmieu, Thouin, Geoffroi,* et de tant d'autres.

M. D'HARVILLE.

Rien ne fut négligé pour assurer le succès de cette expédition, dont le but resta, jusqu'au dernier jour, ignoré des généraux eux-mêmes, qui supposaient, avec la plus grande partie de la France, que l'on allait opérer une descente sur les côtes de la Grande-Bretagne.

M. GIRARD.

Le général Bonaparte lui-même contribua à propager ce bruit, car dans ses diverses proclamations, il prenait le titre de *commandant en chef l'armée d'Angleterre.*

M. D'HARVILLE.

Le vice-amiral Brueys, ayant sous ses ordres, les contre-amiraux

Voy. à l'isthme de Suez.   9

Villeneuve, Decrès et Ducheyla, fut chargé du commandement de la
flotte ; ce fut le 19 mai 1798 qu'elle appareilla de Toulon, emportant
ces généraux, ces ingénieurs, ces savants qui élevèrent si haut la gloire
de la France et cette vaillante armée, qui , plus tard et sous le même
chef, alla planter ses glorieux drapeaux sur les murs des grandes capitales de l'Europe.

L'ile de Malte, qui se trouve presqu'à moitié chemin de l'Egypte,
appartenait depuis le commencement du seizième siècle à l'ordre
des chevaliers de Saint-Jean de Jérusalem, ordre célèbre dans l'histoire, et dont la fondation remonte à l'époque des croisades.
Admirablement fortifiée, cette ile passait pour imprenable, et vers la
fin du xvi⁰ siècle elle avait repoussé tous les efforts de Soliman II et
de son armée.

Cependant le général Bonaparte résolut de s'en emparer, pour en
faire, en cas de besoin, une station intermédiaire et un entrepôt
pour la marine française. L'ile se rendit après deux jours de siège,
et l'ordre de Malte disparut.

L'ABBÉ MOREAU

Je crois que c't ordre existe encore en Italie, mais réduit à fort peu
de membres; l'ile de Malte portait autrefois le nom d'*ogygie*, et se con-
vertit de bonne heure à notre sainte religion, car saint Paul y fut
jeté par la tempête en l'an 56, et y fonda une colonie chrétienne;
on montre encore une grotte où les premiers fidèles se réunissaient,
dit-on, pour prier.

M. D'HARVILLE.

Après cette prise de possession, la flotte française se dirigea vers
l'Egypte, et parvint à éviter celle d'Angleterre, qui croisait dans la
Méditerranée, sans savoir quel était le but de notre expédition.

Débarquée sous les murs d'Alexandrie et au pied de la colonne de
Pompée, l'armée de Bonaparte s'empara de cette ville, qui n'opposa

qu'une faible résistance ; de là, et sans perdre un instant, on se mit
en marche vers le Caire, à la poursuite des Mamelouks et de leur
chef Mourad-Bey.

Ce voyage au milieu des sables brûlants, dans une contrée stérile,
car l'armée ne suivit point les bords du Nil, et nos soldats eurent à
souffrir de la faim et de la soif, ne fut point sans périls, et plusieurs
y succombèrent.

M. GIRARD.

Un phénomène inconnu dans nos climats réalisa pour eux les tor-
tures auxquelles la fable a condamné Tentale ; je veux parler du
mirage.

M. LAROQUE.

J'ai observé moi-même en Afrique ce singulier phénomène,
sans en comprendre la cause.

ERNEST.

Qu'est-ce donc que vous appelez le mirage ?

M. GIRARD.

Par un singulier effet de lumière, le voyageur qui traverse le désert,
croit voir devant soi un lac, des arbres, où il espère trouver de l'ombrage et un liquide rafraîchissant. Cette illusion est si complète que
l'on s'y trompe la dixième fois aussi bien que la première

M. LOMBARD.

Quelle en est donc la cause ?

M. GIRARD.

Elle est parfaitement connue aujourd'hui ; le mirage est un effet de
la réfraction des rayons solaires sur une surface plate ; il fait apparaître au-dessus de l'horizon des objets lointains qui n'y sont pas,
mais qui en sont rapprochés. Le mirage produit parfois des effets
extrêmement bizarres ; au désert, on croit voir un lac ; sur mer, car

le phénomène y est très commun dans les latitudes chaudes, on voit apparaitre la terre, des montagnes, des édifices.

A Messine, et dans les environs on lui a donné le nom de *fata Margana* ou *fée Morgane*, tant les idées superstitieuses ont de pouvoir dans ces contrées.

M. D'HARVILLE.

Vous comprenez combien cette illusion augmentait les souffrances de l'armée française; cependant elle ne perdit rien de son ardeur; l'avant-garde Egyptienne fut défaite à *Chébréis*, et cette cavalerie des Mamelouks qui n'avait point son égale au monde, au dire de Bonaparte lui-même, fut presque complètement détruite à la bataille des Pyramides, le 21 juillet 1798.

M. GIRARD.

C'est au pied des pyramides que Bonaparte prononça l'une de ces brèves et poétiques harangues, dont il semble avoir emporté le secret; nous ne la rappellerons pas, vous la connaissez tous.

M. D'HARVILLE.

La victoire des Pyramides entraîna la prise du Caire, et la soumission de toute l'Egypte, car les troupes françaises chargées de parcourir la vallée du Nil ne rencontrèrent que peu de résistance.

Quelques jours plus tard malheureusement, l'armée navale que l'amiral Brueys avait conduite dans la rade d'Aboukir, malgré les ordres de Bonaparte, s'y vit attaquée par la flotte anglaise que commandait Nelson, et fut presque entièrement détruite, malgré les prodiges de valeur des officiers et des matelots.

M. GIRARD.

L'amiral Brueys fut frappé par un boulet qui lui brisa les reins; mais il refusa de quitter son poste, et mourut sur son banc de quart.

Tirez toujours, s'écriait *Duchayla,* frappé à la figure par un coup de mitraille, tirez ; notre dernier coup de canon peut être funeste à l'ennemi.

Le capitaine de l'*Aquilon*, *Thévenard*, celui du *Tonnant*, *Dupetit-Thouars*, mutilés par les boulets, ne cessèrent d'encourager leurs équipages ; le premier, jusqu'à ce que la vie s'échappa avec son sang ; le second, jusqu'à ce qu'un second boulet le renversa mort sur le pont de son vaisseau.

CHARLES.

L'histoire de cette bataille, que j'ai lue quelque part, raconte que le jeune *Casabianca*, âgé de dix ans seulement, refusa d'abandonner son poste, mortellement blessé sur l'*Orient*, et périt avec lui lorsque le vaisseau fracassé s'engloutit dans la mer.

M. D'HARVILLE.

Cette escadre magnifique qui comptait treize vaisseaux de haut bord, et quatre frégates, fut presque entièrement détruite ; quatre seulement parvinrent à échapper au désastre et purent rentrer à Malte, sous la conduite de Villeneuve. Tous les autres, à l'exception du *Tonnant* qui fut obligé de e rendre, avaient été brûlés ou coulés à fond. De leur côté, les Anglais subirent des pertes considérables, et leurs vaisseaux furent si maltraités, que pas un d'eux ne put songer à poursuivre les restes de la flotte française. L'amiral Nelson fut lui-même dangereusement blessé, et dut subir l'amputation d'un bras.

ERNEST.

Sur quel point se trouve donc située cette rade d'Aboukir ?

M. D'HARVILLE.

Aboukir est l'ancienne Canope ; c'est une ville de peu d'importance, située à environ quarante kilomètres d'Alexandrie, et défendue par un château du côté de la mer.

Ce désastre fermait à nos troupes toute communication avec la France, et leur enlevait, sinon pour toujours, du moins pour plusieurs années, tout espoir de retour ou de renfort, car la croisière anglaise se trouvait maîtresse sur la Méditerrannée; il fallait donc se résigner à agir solitairement sur le pays conquis et à s'y organiser pour une longue possession. C'est ce que fit Bonaparte.

M. GIRARD.

On dit que, lorsqu'il reçut cette terrible nouvelle, le général en chef se contenta de dire avec le plus grand calme : *Nous n'avons plus de flotte, eh bien! il faut rester dans ces contrées ou en sortir grands comme les anciens.*

Toutefois s'il affectait ces dehors tranquilles pour rassurer l'armée et maintenir les indigènes dans l'obéissance, Bonaparte ne sentait pas moins, au fond du cœur, une profonde tristesse au souvenir des braves marins qui avaient péri pour l'honneur du pavillon national ; sa douleur s'épancha dans quelques lettres particulières, et surtout dans celles qu'il adressa à la veuve Brueys et au père du commandant Thévenard.

M. D'HARVILLE.

Après la prise du Caire, le général en chef s'installa dans cette capitale, et pendant que les généraux sous ses ordres parcouraient l'Egypte en tous sens, pour obtenir une complète soumission, il s'occupa d'organiser la conquête.

Dans le but d'effaroucher le moins possible les préjugés nationaux, il affecta, dans ses rapports avec les Egyptiens et dans ses discours ou proclamations à l'armée, le plus grand respect pour les usages, les cérémonies et le culte indigènes ; il accorda enfin au peuple vaincu toutes les concessions qui se trouvèrent compatibles avec la sûreté de l'armée française.

Les Egyptiens purent donc sans obstacle célébrer la fête du Nil et l'anniversaire de la naissance de Mahomet; et le général en chef lui-même voulut assister à la première de ces fêtes, qui est bien plus agricole que religieuse, puisqu'elle a lieu au moment où le *fleuve sacré* arrive à son maximum d'élévation et se prépare à porter son limon fertile dans la plaine.

M. GIRARD.

Comme par le passé, la prière continua à se dire dans les mosquées; les muezzins continuèrent, du haut de leurs galeries, leur appel aux croyants; les imans, les ulémas, les cheiks conservèrent tous leurs priviléges.

Le général s'attacha à entretenir d'amicales relations avec les peuples voisins; il écrivit au bey de Tunis, au pacha de Saint-Jean-d'Acre et au grand chérif de la Mecque; ce dernier, qui lui répondit d'une manière fort amicale, lui donna les titres de *protecteur des ulémas et d'ami de la sacrée Kaaba*.

M. D'HARVILLE.

Ce n'est pas tout : le jeune conquérant s'occupa de doter l'Egypte d'établissements durables; il réorganisa le divan et en fit une espèce de représentation nationale; il établit aussi des tribunaux indigènes, et fonda l'institut d'Egypte, qui fut composé des savants attachés à l'expédition, et des officiers les plus instruits de l'armée.

M. GIRARD.

Cet institut rendit les plus grands services; et ses travaux, qui ont été réunis en un corps d'ouvrage, forment le monument le plus remarquable qu'aient élevé les arts et les sciences modernes.

Sous l'intelligente direction de ces hommes éclairés, l'agriculture commença à appliquer de nouveaux procédés; des manufactures de toute sorte s'établirent sur les bords du Nil; le commerce prit un nouveau développement, les villes un nouvel aspect, et l'Egypte fit un pas vers une civilisation qui lui était restée jusqu'alors étrangère.

M. D'HARVILLE.

Nous n'en finirions pas si nous devions mentionner toutes les institutions, toutes les réformes qu'introduisit en Egypte le nouveau conquérant, ou tous les travaux qu'il y fit exécuter; disons seulement qu'il se montra aussi grand législateur que vaillant capitaine : disons aussi qu'il sut faire respecter son autorité même par les anciens possesseurs de l'Egypte , et qu'il y fut regardé comme *un envoyé de Dieu.*

M. GIRARD.

Plusieurs historiens ou conteurs ont relaté une entrevue *de Bonaparte, membre de l'Institut d'Egypte, général en chef de l'armée d'Orient, et de plusieurs muphtis ou imans dans l'intérieur de la grande pyramide, dite pyramide de Chéops.* Cette relation qui est ainsi rapportée dans le moniteur de l'an VII, et reproduite dans plusieurs auteurs et notamment dans les œuvres de *M. de Saint-Hilaire,* qui y ajoute des détails presque merveilleux, est certainement supposée ; néanmoins elle nous montre combien fut grand l'ascendant que Bonaparte avait obtenu sur la partie la plus éclairée de cette population superstitieuse , et quelle eût été l'influence du nom français en Egypte si la conquête n'eût pas été si promptement abandonnée, ou que les successeurs de Bonaparte eussent continué son œuvre de conciliation et compris comme lui la nécessité de ménager les anciens possesseurs du sol.

M. D'HARVILLE.

La soumission paraissait complète ; et quelques révoltes ayant été réprimées avec vigueur, tout semblait tranquille.

M. GIRARD.

La plus grave fut celle qui éclata au Caire ; un grand nombre de français y périrent, notamment le jeune *Sulkowski,* aide-de-camp de Bonaparte, et jeune officier plein d'avenir.

M. D'HARVILLE.

Malheureusement l'Angleterre, voyant avec peine notre établisse-

ment se consolider en A'rique, poussa la Turquie à rompre toutes
relations avec le général Bonaparte, qui avait fait tous ses efforts
pour en entretenir d'amicales.

Ce dernier crut devoir devancer l'attaque des Turcs, et résolut
d'entreprendre une expédition en Syrie.

M. GIRARD.

La possession de la Syrie lui permettait de menacer Constantinople
elle-même, et d'inquiéter l'Angleterre sur le sort de ses établissements dans l'Inde.

M. D'HARVILLE.

Nous ne ferons point l'histoire de cette expédition; là, comme partout ailleurs, l'armée française fit tout ce qu'il était possible de
faire ; après avoir emporté *Jaffa, Gaza, El-Arich*, elle vint mettre
le siége devant Saint-Jean-d'Acre, où commandait le pacha *Djezzar*.
Mais assaillie par la peste, dévorée de privations, elle ne put
s'emparer de cette place, qui était parfaitement fortifiée, pourvue
d'une artillerie puissante, et défendue par l'amiral anglais Sidney-
Smith, suivant les règles de l'art européen; après quatorze assauts
sans résultats, notre armée dut reprendre lentement le chemin
de l'Egypte, où les Turcs venaient d'envoyer une armée formidable.

Le général Bonaparte accourut et tailla en pièces cette armée, à
Aboukir, le 25 juillet 1799, puis il rentra au Caire; mais les nouvelles désastreuses qu'il reçut d'Europe le déterminèrent à quitter
l'Afrique : sa présence, lui disait-on, était nécessaire en France pour
défendre les frontières envahies par les nombreux ennemis de la
République, et comprimer les factions, contre lesquelles le gouvernement directorial semblait ne pouvoir lutter.

M. GIRARD.

L'insuccès de son entreprise en Syrie avait d'ailleurs dégoûté le

général Bonaparte; il sentait qu'il n'avait plus rien à faire dans
cette vallée du Nil, théâtre trop étroit pour ses vastes desseins.

M. D'HARVILLE.

Laissant le commandement en chef au général Kléber, il quitta
l'Egypte, le 22 août 1799, sans instruire l'armée de son départ; il
ramenait avec lui les généraux Berthier, Andréossy, Lannes, Mar-
mont et Murat, et les savants Monge, Denon et Bertholles. Le contre-
amiral Gantheaume, qui commandait la frégate *la Muicos*, parvint
à éviter la croisière anglaise, et vint déposer ses passagers, déjà si
célèbres, dans le petit port de Fréjus, sur les côtes de la Provence.

M. GIRARD.

Ce ne fut point à Fréjus, mais à Saint-Raphan, petit village à
quelques kilomètres de cette ville, que débarqua Bonaparte; il désirait arriver le plus promptement possible à Paris, et évitait ainsi les
retards que lui auraient imposés les règlement sanitaires.

M. D'HARVILLE.

Nous aurons, plus d'une fois encore, occasion de rappeler le séjour
de Bonaparte en Egypte; mais il nous faut d'abord continuer le récit
des événements qui suivirent son départ.

Ce départ, qui, nous l'avons dit, était inattendu, plongea tout
d'abord l'armée dans le découragement; ce fut un coup de foudre
l'on eut dit que le général emportait avec lui toutes les espérances.
Kléber lui-même, qui lui succédait dans le commandement, se crut
sacrifié et cria à la trahison.

M. GIRARD.

Bonaparte avait eu quelques contestations avec Kléber, notamment
au siège d'Acre; cependant il avait su apprécier les grandes
qualités de ce général, que l'on surnommait le Mars français, et
n'hésita pas à lui laisser le commandement. Par malheur Kléber
n'avait point foi dans l'avenir de la conquête; il voyait les choses

sous le côté le plus sombre, et fit passer ces fâcheuses impressions dans ses dépêches officielles; il dressa même contre Bonaparte un acte d'accusation qu'il envoya au directoire, mais qui parvint à Bonaparte lui-même après son avénement au consulat.

M. D'HARVILLE.

Persuadé que la position n'était plus tenable, il ne songea qu'à évacuer l'Egypte, et signa à *El-Arich*, avec le grand-visir et l'amiral Sidney-Smith, un traité fort onéreux par lequel il livrait l'Egypte toute entière à l'armée turque. Cette convention était déjà en partie exécutée, et les troupes françaises concentrées au Caire, se préparaient à rentrer en France, lorsque Sidney-Smith refusa de leur fournir, ainsi qu'il l'avait promis, les transports nécessaires.

M. LAROQUE.

C'était un indigne manque de foi !

M. GIRARD

L'amiral prétendit que son gouvernement avait refusé de ratifier la convention d'El-Arich, et ne voulait consentir à aucune capitulation avec l'armée de la République, que pour le cas où elle mettrait bas les armes, et abandonnerait ses vaisseaux, ses munitions et ses bagages aux puissances alliées.

M. D'HARVILLE.

Ces humiliantes conditions ne pouvaient être acceptées d'un homme tel que Kléber, qui fit publier, en tête de l'armée la missive anglaise, avec ce post-scriptum : *Soldats, on ne répond à une telle insolence que par la victoire; préparez-vous à combattre.*

Cette proclamation fit son effet, et l'armée française, réduite alors à douze mille hommes, attaqua l'armée des Turcs, qui s'élevait à plus de soixante mille et la tailla en pièces.

Dès lors le général prit de nouveau possession du Caire, ne

songea plus qu'à défendre cette conquête, devenue la sienne, et à conserver à la France une terre si chèrement payée.

Adoptant sans réserve les idées de Bonaparte, il chercha comme lui à se concilier la population; Mourad-Bey, l'ancien chef des Mamelouks, devint un ami dévoué de la France, et fut nommé gouverneur du Haut-Saïd.

Le rêve de colonisation de Kléber se serait réalisé, et la vallée du Nil serait peut-être aujourd'hui encore une terre française, sans le poignard d'un assassin.

Vous savez en effet que Kléber fut assassiné par un musulman fanatique, excité par les écrits du grand-visir, qui représentait le chef de l'armée française comme un homme sans foi, comme un destructeur de religions, invitant au nom de Mahomet et du Coran, tous les fidèles au *combat sacré*, et leur rappelant que des récompenses éternelles attendent ceux qui égorgent un infidèle.

Cette mort eut les conséquences les plus déplorables; le général Menou qui, par droit d'ancienneté, fut appelé à prendre le commandement en chef, était un homme sans valeur personnelle, et l'on peut dire sans honneur, car il avait embrassé la religion de Mahomet, lâcheté qui l'avait rendu odieux à l'armée française, sans lui concilier d'ailleurs les sympathies de ses nouveaux coreligionnaires. Son incapacité notoire et son impopularité ne l'empêchèrent point d'accepter un fardeau au-dessus de ses forces; il commanda l'armée malgré elle, et la perdit de gaîté de cœur. Aussi lorsque les Anglais débarquèrent en Egypte, il ne sut point organiser la défense, et se renferma dans Alexandrie avec six mille hommes minés par la faim et la maladie. Il y fut bloqué par le général Abercombie et l'amiral Hutchimon, et se rendit après une honteuse capitulation.

M. GIRARD.

On y lisait un article ainsi conçu : *Quant à la commission des*

sciences et des arts, et'e n'emportera aucun des monuments publics,
ni manuscrits arabes, ni cartes et dessins, ni mémoires, ni collections,
et elle les laissera à la disposition des généraux et commandants
anglais.

Mais les savants restés à Alexandrie refusèrent avec la plus grande
énergie de subir cette humiliation, et déclarèrent que plutôt que de
livrer aux ennemis de la France, leurs dessins, manuscrits et collections, ils les jetteraient à la mer, et dénonceraient à l'Europe
l'odieuse violence qui frappait avec eux le monde civilisé. Ces menaces intimidèrent l'amiral Hutchimon, qui révoqua la mesure spolia-
trice, et les savants conservèrent ainsi à leur patrie le précieux
trésor de connaissances qu'ils avaient acquis au milieu des dangers.

M. D'HARVILLE.

Ce fut le 15 octobre 1801 que finit ainsi cette campagne de trois
ans, mêlée de gloire et de revers, mais d'autant plus grande dans
l'histoire, qu'elle se trouve sans analogues.

Nous avons déjà dit quels en furent les importants résultats pour
la civilisation égyptienne, et nous n'y reviendrons pas.

Ces résultats se firent sentir surtout à partir de 1806, époque où
Méhémet-Ali arriva au pouvoir ; nous allons mentionner les principaux événements de son règne, pour que nous puissions nous faire
une idée exacte de l'Egypte actuelle.

M. GIRARD.

Cet homme vraiment extraordinaire a été fort diversement jugé
les uns en ont fait un homme éclairé, désireux de civiliser son pays ;
les autres l'ont regardé comme un despote, un ambitieux aux vues
étroites, n'ayant d'autre but que d'affermir sa puissance, et ne
reculant d'ailleurs pour cela devant aucun moyen.

M. D'HARVILLE

Le premier acte de ce prince fut la destruction complète du **corps** des Mamelouks, dont l'importance et la richesse lui semblait mettre obstacle à ses vues ambitieuses; par ses ordres tous leurs chefs furent massacrés dans une fête à laquelle il les avait lui-même invités.

Il songea ensuite à organiser une armée, à créer une flotte; mais il lui fallait des ressources qu'il ne put obtenir qu'en traitant l'Égypte tout-à-fait en pays conquis. Au moyen de confiscations arbitraires et d'un système fort compliqué d'impositions qui absorbaient presque la totalité des revenus, il parvint non-seulement à s'approprier presque complètement tous ces revenus, mais encore à s'établir comme seul propriétaire du sol et à réduire à la condition d'esclaves tous les cultivateurs ou fellahs.

Du reste, une fois maître, il agit en sage propriétaire, encouragea l'agriculture, améliora le système d'irrigation, et introduisit sur une grande échelle la culture du coton, aujourd'hui source d'un très grand revenu. Aussi la superficie du sol cultivé, qui vers 1812, n'était que de deux millions et demi d'hectares, s'éleva-t-elle en peu d'années à plus de six millions.

Malheureusement la population, loin d'augmenter sous son règne, diminua d'une manière considérable, par suite des guerres incessantes qu'entreprit le pacha, et du déplorable système qu'il appliqua pour le recrutement de son armée et de sa marine.

M. GIRARD.

Pour vous en donner une idée, je vais vous dire ce qui se passa en 1826 ; voulant renforcer l'armée qu'il avait, sous le commandement d'Ibrahim-Bey, son fils adoptif, envoyé en Grèce, Méhémet-Ali ordonna une levée de douze mille hommes; tous les chefs de villages durent envoyer au camp d'instruction d'*El-Kankah* les hommes, quelque fût leur âge et quelle que fût leur position de famille, qu'ils pouvaient considérer comme propres au service. On vit alors

ces malheureux, liés deux à deux, portant, comme les esclaves de la
côte d'or, de lourdes entraves sur les épaules, se diriger vers Alexandrie, des points les plus éloignés de l'Egypte; ils étaient nus, pour la
plupart, et suivis de leurs femmes et de leurs enfants; sur soixante-
dix mille personnes qui arrivèrent ainsi au camp, on fit choix des
douze mille hommes les plus valides, et les autres, femmes, vieillards,
enfants, durent reprendre le chemin de leurs villages, sans recevoir
aucune espèce de secours.

Vous comprenez ce qu'avait de désastreux un pareil système; il en
était de même pour la marine.

M. D'HARVILLE.

Méhémet-Ali encouragea aussi l'industrie et favorisa l'établissement de manufactures; mais toujours dans le même but, celui d'augmenter ses ressources; car il était le seul manufacturier, le seul
propriétaire du sol; l'Egypte toute entière lui appartenait, et tous
ses sujets eux-mêmes qui exerçaient les plus simples métiers,
devaient lui rendre compte de leurs produits.

M. LOMBARD.

D'après ce que vous venez de dire, on peut, il me semble, affirmer,
que Méhémet-Ali n'a visé qu'à porter le despotisme au plus haut
degré de puissance en y appliquant les ressources de la civilisation
européenne.

M. D'HARVILLE.

Sans aucun doute; cependant ses efforts pour policer le pays ont eu
de salutaires effets; et, quel qu'ait été son but, il faut reconnaître
que la civilisation a fait de grands progrès sous son règne; on lui
doit l'établissement des lignes télégraphiques, d'une imprimerie;
la création d'assemblées provinciales, une nouvelle division admi-
nistrative, la rédaction d'un code auquel le code Napoléon servit de
modèle, l'introduction de la vaccine, la création d'hôpitaux et de

lazarets; enfin il envoya dans les écoles françaises, un certain nombre d'enfants ou de jeunes gens, pour en faire des médecins, des ingénieurs, des officiers.

Vers 1812, Ibrahim, son fils, fit la conquête d'une partie de l'Arabie et des contrées arrosées par le Nil supérieur.

En 1828, il prit part à la lutte engagée par la Turquie avec les Hellènes, et renvoya une armée contre ces derniers.

M. GIRARD.

Il espérait s'approprier la Morée, dont le sultan Mahmoud lui avait fait l'abandon; mais son intervention dans cette lutte que soutenait la Grèce pour reconquérir sa liberté ne fit que hâter celle des puissances européennes; et sa flotte fut complètement détruite à la bataille de Navarin.

M. D'HARVILLE.

Voyant échouer de ce côté toutes ses espérances de conquête, Méhémet envahit la Syrie, et se déclara indépendant de la Turquie; cette lutte fut interrompue par l'intervention des puissances, qui obligèrent le sultan Mahmoud à reconnaître l'indépendance de l'Égypte et à octroyer à Méhémet le titre de *gouverneur de Syrie*.

Peu satisfait de ce résultat, ce dernier entama une nouvelle lutte en 1839, et fut forcé au mois de février 1841, de reconnaître d'une manière complète la suzeraineté de la Porte, qui lui donna le titre de vice-roi ou Khédive.

Ce prince perdit l'usage de ses facultés intellectuelles en 1819, et *Ibrahim-Pacha* fut reconnu pour son successeur; mais il mourut la même année, et *Abbas-Pacha*, petit-fils de Méhémet, fut à son tour investi en 1849 de la vice-royauté.

Ce dernier avait en horreur la civilisation européenne, et le nom même des chrétiens; musulman fanatique, il fit plusieurs fois le voyage de la Mecque. Cependant il gouverna avec assez de sagesse;

renonçant aux idées d'indépendance de son grand-père, il réduisit
la flotte et l'armée, et diminua les impôts.

M. GIRARD.

C'est sous Abbas-Pacha qu'une compagnie anglaise fut autorisée à
construire un chemin de fer à travers l'isthme de Suez; mais le vice-
roi, inspiré sans doute par la politique des ministres de la Grande-
Bretagne, repoussa tout projet d'ouvrir un canal entre les deux
mers. *

M. D'HARVILLE

Ce prince prit part, mais non en personne, à la guerre de Crimée,
et envoya une armée de vingt-cinq mille hommes au sultan, son
suzerain, pour le seconder dans sa lutte contre la Russie.

M. GIRARD.

Si nous avions le temps, M. Laroque pourrait vous conter quelqu'un des épisodes de cette guerre, où notre armée se couvrit de
gloire, et s'empara de la ville de Sébastopol, que l'on avait jusqu'alors regardée comme imprenable.

M. D'HARVILLE.

Cette digression ne nous est pas permise; revenons donc à Abbas-
Pacha

Ce prince fut étranglé en 1854, et eut pour successeur Saïd-Pacha
ou Mohammed-Saïd.

Celui-ci, ainsi que son fils, Ismaïl-Pacha qui lui succéda au mois
de janvier 1863, avait reçu une éducation toute française; il a
favorisé par tous les moyens en son pouvoir, le développement de
l'industrie et l'extension du commerce dans ses états.

M. GIRARD.

Nous aurons sans doute à rappeler plus d'une fois, le nom de
Mohammed-Saïd et de son fils, puisque c'est sous leur règne que
s'est ouvert le canal de Suez, grande œuvre qui leur vaudra la re-

connaissance des peuples, et qui permettra à l'Egypte de reprendre son rang parmi les nations civilisées.

M. D'HARVILLE.

Nous sommes arrivés à la fin de notre excursion dans le domaine de l'histoire; peut-être cette excursion vous a-t-elle paru un peu longue; j'espère cependant que ce récit ne vous a point semblé trop ennuyeux, et qu'il en restera quelque trace dans votre esprit. Cette vieille terre d'Egypte réveille tant de glorieux souvenirs depuis les patriarches, qu'il est difficile de ne point s'y arrêter.

M. GIRARD.

L'histoire de l'Egypte se trouve mêlée à celle de tous les peuples anciens et modernes; elle nous fait comprendre quelle doit être un jour l'importance de ce pays, qui se trouve assis entre les deux mers, et deviendra, par sa situation, une station obligée pour le commerce des deux mondes.

M. D'HARVILLE.

Dès demain nous entamerons la dernière partie de notre étude ou causerie: elle aura pour objet principal le canal de Suez et les travaux au moyen desquels il a été exécuté.

Mme GIRARD.

Ce ne sera pas la moins intéressante, et nous vous écouterons tous avec le plus grand plaisir

CHAPITRE IX.

—

NEUVIÈME SOIRÉE.

M. D'HARVILLE.

Nous avons vu, les jours derniers, dans le cours de notre étude sur l'histoire d'Egypte, qu'à diverses époques les souverains de ce pays tentèrent d'établir une communication entre les deux mers au moyen d'une dérivation du Nil.

Mais, au risque de nous répéter, nous allons brièvement rappeler ces tentatives avant de parler des travaux qui ont été exécutés à l'époque moderne.

Vous n'avez sans doute point oublié qu'autrefois, c'est-à-dire à une époque fort ancienne, la mer Rouge remontait à environ cinquante kilomètres plus haut que l'isthme, occupant ainsi les lacs amers, qui portaient alors le nom de golfe Héroopolite. Par suite, l'établissement d'un canal de jonction entre le Nil et ce golfe était relativement facile, bien qu'à cette époque les moyens d'exécution fussent très imparfaits.

Le pharaon Nécos tenta cette opération vers le vi^e siècle avant Jésus-Christ ; mais il ne la termina point pour diverses raisons que nous avons mentionnées et sur lesquelles je ne reviendrai pas ; son canal ne communiqua donc point complètement avec le golfe Héroo-polite, et le transit s'opéra au moyen de navires qui remontaient d'abord la branche pélusiaque du Nil, depuis Avaris jusqu'à Bubaste, entraient ensuite dans le canal de Nécos, qu'ils suivaient jusqu'à sa limite extrême, c'est-à-dire jusqu'à Héroopolis, où leurs cargaisons étaient transbordées sur les bâtiments de la mer Rouge.

Sous Darius 1er, vers l'an 500 avant Jésus-Christ, le chenal qui mettait en communication le golfe Héroopolite et la mer Rouge s'étant peu à peu rétréci et ensablé, les navires ne pouvaient plus que très difficilement franchir cette passe ; le roi de Perse la fit creuser et élargir, de manière à la rendre navigable.

M. GIRARD.

Ce travail doit être fort difficile, car les anciens ne connaissaient pas l'usage des dragues, et les ouvriers durent se tenir presque conti-nuellement dans l'eau.

M. D'HARVILLE.

Ce chenal, qui prit le nom de *canal de Darius*, fut de nouveau creusé, en 270, sous le règne de Ptolémée, car il tendait à s'ensabler de nouveau ; le même prince réussit en outre à compléter l'œuvre de Nécos, en établissant enfin une communication entre le canal du Pharaon et le golfe Héroopolite, ce qui permit au transit de s'opérer entre les deux mers sans transbordement.

M. GIRARD.

Cependant Ptolémée n'avait point grande confiance dans le résultat de ces travaux ; il avait tout au moins prévu la difficulté de conserver ce canal en état permanent de navigabilité, puisqu'il créa, vers le même temps, comme nous l'avons dit, une route de transit par cara-vanes entre Bérénice, sur la mer Rouge, et Coptos, sur le Nil.

M. D'HARVILLE.

Ses craintes furent d'ailleurs justifiées, car deux siècles plus tard, au temps de Cléopâtre, le chenal dont nous parlons avait complètement disparu ou se trouvait comblé par les sables.

Cent vingt-cinq ans après Jésus-Christ, les empereurs romains, Trajan et Adrien, firent opérer un nouveau curage des canaux de Nécos et de Darius, et en firent le *canal de Trajan* ; mais ce travail fut sans résultat, puisque le transit continua de s'opérer par la route des caravanes établie entre Bérénice et Coptos.

Nous arrivons au viie siècle après Jésus-Christ ; à cette époque, Amrou, qui gouvernait l'Égypte au nom du calife Omar, fit, en moins d'un an, creuser et élargir l'ancien canal, et lui donna le nom de *canal du prince des fidèles* ; mais cette œuvre ne rétablit point le transit entre les deux mers, et livra seulement un passage jusqu'à Bérénice aux barques de pays chargées d'y transporter les céréales nécessaires à l'alimentation de l'Arabie ; il n'eut que peu de durée ; le calife El-Mansour le fit détruire ou combler dans la partie voisine des lacs amers ; et l'accumulation des sables contre cette digue artificielle forma sur ce point, à la longue évidemment, une dune fort étendue sous laquelle se trouve ensevelie, on le suppose du moins, l'ancienne ville d'Héroopolis, dont il ne reste aucune trace.

M. GIRARD.

Comme cette ville n'est pas la seule qui ait complètement disparu sur l'isthme de Suez, on doit admettre qu'une grande catastrophe, un tremblement de terre, par exemple, a bouleversé cette partie de l'Égypte à une époque quelconque de l'histoire ?

M. D'ARVILLE.

Cette hypothèse est fort admissible, et nous en avons déjà fait mention ; les historiens rapportent qu'en l'année 740 une effroyable secousse de ce genre couvrit de ruines Constantinople, Nicée, Nicomédie, et se fit sentir fort avant dans l'Orient et jusqu'en Éthiopie.

Au surplus, quelle qu'en soit la cause, il est certain que le bassin des lacs amers se trouva isolé, ou du moins sans communication permanente, soit avec la mer Rouge, soit avec le canal dérivé du Nil. Toutefois, ce bassin, dont les eaux s'étaient évaporées sous l'action des chaleurs particulières au climat de l'Égypte, a dû en recevoir de nouvelles aux époques des grandes marées ou pendant les crues exceptionnelles du Nil.

U. LOMBARD.

Ce fait remarquable a-t-il donc pu être constaté ?

M. D'HARVILLE.

Fort aisément, mon cher ami ; en s'évaporant, ces eaux ont laissé
dans la partie la plus déprimée des lacs, soit une couche de sel, soit
une couche d'argile, et l'alternance de ces couches a été parfaitement
reconnue ou établie au moyen de sondages que l'on y a opérés.

M. GIRARD.

Il résulte des recherches que l'on a faites dans cet immense bassin,
que la couche de sel a environ douze kilomètres de long et cinq kilomètres de large, sur une profondeur moyenne de six mètres ; ce qui
représenterait quelque chose comme trois cent soixante millions de
mètres cubes de sel à peu près pur.

M. LAROQUE.

Comment se fait-il donc que le gouvernement égyptien, si désireux
d'augmenter ses ressources, n'ait jamais songé à mettre ce banc de sel
en exploitation ?

M. D'HARVILLE.

C'eût été une magnifique opération à entreprendre si la nature déli-
quescente du terrain n'avait exposé ceux qui auraient voulu la tenter
à être engloutis.

Nous avons suffisamment établi dans le cours de notre étude historique l'importance que les conquérants d'autrefois attachèrent à la
possession de l'Egypte, et les efforts qu'ils firent tour à tour pour s'y
maintenir et pour en augmenter les produits. Vous avez vu que
l'Egypte resta pendant des siècles presque la seule voie de transit pour
ce commerce de l'Orient, bien que cette voie fut loin de présenter toute
la sécurité désirable.

M. GIRARD.

On s'étonne, en vérité, que les relations commerciales entre l'Orient
et l'Occident aient pu se maintenir à ces époques de bouleversement
et de guerres continuelles ; car, des deux routes de transit qui existaient au viiᵉ siècle, l'une, celle par l'Egypte, avait un parcours de
trois mille cinq cents lieues, dont sept cents par la voie de terre dans
des pays constamment troublés, et avec la nécessité de transborder,

trois fois au moins, les marchandises ; et l'autre, par l'Asie-Centrale, avec un parcour de mille sept cents lieues, traversait des contrées aussi difficile, et exigeait d'ailleurs un plus grand nombre de transbordements.

M. D'HARVILLE.

Il est certain qu'il fallait une nécessité bien impérieuse pour affronter tant de dangers en transportant de si loin les produits de l'Orient en Europe.

Mais arriva l'époque où la découverte de la boussole arracha le monopole de ces transports aux navires de la Méditerranée pour le donner à ceux qui parcourent l'Océan.

M. GIRARD.

Un fait digne de remarque à ce sujet, c'est que ce furent les savants d'Alexandrie qui introduisirent en Europe l'usage de la boussole, usage qui devait enlever à cette ville son importance comme entrepôt nécessaire entre l'Europe et l'Asie.

AUGUSTE.

La boussole fut-elle donc inventée à Alexandrie ?

M. GIRARD.

Non ; quelques auteurs ont attribué cette invention à un napolitain nommé *Flavio Gioja*, qui vivait au xiiie siècle. Mais il est certain que cet instrument était connu longtemps avant cette époque sous le nom de *Marinette* ou *Marinière*; elle est même d'un usage beaucoup plus ancien, car un dictionnaire chinois, qui remonte au iie siècle de l'ère chrétienne, parle de l'aimant *comme d'une pierre avec laquelle on peut donner la direction à l'aiguille.* Il est donc probable que les Arabes reçurent cette invention des Chinois avant ou vers le temps des croisades.

M. D'HARVILLE.

A cette époque des croisades que vous venez de rappeler, la république de Venise, qui avait été fondée dès le ve siècle de notre ère, était la puissance maritime la plus importante de l'Europe ; elle était même, pour ainsi dire, la seule, et sut habilement en profiter lorsque les croisés voulurent passer en Orient; car, à titre d'indemnité des secours qu'elle leur fournit, elle se fit abandonner la propriété des îles de l'Archipel, d'un grand nombre de ports dans la Morée et dans l'Asie-Mineure, et enfin d'un quartier spécial à Constantinople et dans chacune des villes de la Palestine. Pendant cette période, le commerce adopta naturellement la route de l'Asie, et celle par l'Egypte se trouva délaissée ; mais lorsque la Terre-Sainte fut retombée au pouvoir des infidèles, Venise songea de nouveau à la voie de transit par Coptos, et rechercha l'amitié des sultans, ne se préoccupant que de son intérêt commercial.

Cette opulente république conserva le monopole jusqu'à la fin du xvie siècle, c'est-à-dire jusqu'à la découverte de l'Amérique, qui assura la prépondérance à l'Espagne ; et en effet le Nouveau-Monde put dès lors fournir à l'Europe, à bien meilleur marché, des produits que l'on faisait autrefois venir de l'Inde seulement.

Mais vers le même temps, *Barthélemy Diaz*, et après lui *Vasco de Gama*, tous deux portugais, portèrent un coup bien plus terrible au commerce vénitien.

M. GIRARD.

Ce fut en 1797, que Gama franchit le *cap des Tempêtes* ou *cap de Bonne-Espérance ;* et l'année suivante *Alvarez Cabral* fonda à *Calicut* le premier comptoir européen dans l'Inde.

M. D'HARVILLE.

Quelques années plus tard, *Albuquerque*, second vice-roi des Indes, s'empara d'*Ormuz*, dans le golfe Persique, et de *Socotore*, à l'entrée de la mer Rouge, malgré les efforts des Turcs et des Vénitiens, fermant ainsi à ces deux puissances le chemin de l'Asie centrale et celui de l'Inde.

M. GIRARD.

Bien plus, dans le but d'anéantir complètement la voie de transit par l'Egypte, il conçut le projet de détourner le cours du haut Nil dans la mer Rouge ; ce projet, que la mort l'empêcha de réaliser, aurait changé l'Egypte tout entière en un désert aussi aride que le Sahara.

Venise et les Turcs essayèrent, mais en vain, de continuer la lutte ; Lisbonne devint l'entrepôt principal des denrées de l'Orient ; la

Hollande, la France et l'Angleterre suivirent aussi la route du cap, qui absorba de plus en plus le monopole du commerce de l'Orient.

M. D'HARVILLE.

Il est facile de comprendre la cause de l'infériorité des Turcs et des Vénitiens eux-mêmes dans cette lutte contre les Portugais; ces derniers, seuls maîtres dans la mer des Indes, où ils avaient fondé des établissements fort importants, trouvaient sur place tout ce qui leur était nécessaire pour l'entretien de leur flotte; tandis que leurs adversaires, bien que fort puissants dans la Méditerranée, ne pouvaient conduire leurs navires dans la mer Rouge, qui se trouva ainsi presque complètement fermée à la navigation, sauf pour le cabotage local.

M. GIRARD.

C'est par suite de ce fait que les marins ont depuis cette époque conclu que la navigation à voiles était difficile, ou même impossible entre Suez et Aden.

M. LAROQUE.

Cette voie de transit par l'Egypte fut-elle donc complètement abandonnée?

M. D'HARVILLE.

Non; mais durant cette période le commerce prit une autre route; les marchandises étaient transportées d'Alexandrie au Caire, et de là à Suez au moyen de caravanes.

M. GIRARD.

Ce trafic n'était pas sans importance, car les recherches faites à l'époque de l'expédition française en Egypte établissent qu'il représentait cent mille charges de chameau, ou plus de soixante millions de francs par an.

M. D'HARVILLE.

Toutefois, il est évident que si des moyens eussent existé de supprimer l'obstacle de quarante lieues environ qui séparait Suez de la Méditerranée, et d'établir une communication par eau entre les deux mers, l'empire turc les aurait certainement mis en œuvre; mais ce projet, lors même qu'il aurait été conçu, n'aurait pu s'exécuter à cause des difficultés de toutes sortes que présentait le terrain à creuser; de plus, comme nous l'avons déjà dit, les savants affirmaient qu'il existait une grande différence de niveau entre les deux mers, et l'on aurait certainement reculé devant la crainte d'inonder à jamais la Basse-Egypte.

M. LAROQUE.

Pourquoi ne songeait-on point à rétablir les canaux de dérivation du Nil?

M. D'HARVILLE.

Il est facile de le comprendre. D'abord les navires de commerce avaient déjà bien plus de tirant d'eau que les galères du temps de Nécos et des Ptolémées ; et la profondeur des anciens canaux eut été de beaucoup insuffisante pour lui livrer passage; en outre, le bassin des lacs amers, se trouvant à sec depuis des siècles, et exposé à une constante évaporation, aurait absorbé toute l'eau du Nil, même pendant les grandes crues, ce qui aurait anéanti pour jamais l'agriculture dans le Delta

M. GIRARD.

Et cependant, malgré tant de difficultés, les sultans de Constantinople firent à diverses époques, au XVIᵉ siècle et vers la fin du XVIIIᵉ, étudier cette grande question ; c'est du moins ce que nous affirment Scaliger, d'Auville, célèbre géographe, et le voyageur Volney.

M. D'HARVILLE.

Les premières études vraiment sérieuses furent faites à l'époque de l'expédition française en Egypte, par ordre de Bonaparte, qui parcourut lui-même l'isthme jusqu'à Suez, et reconnut les traces de l'ancien canal de Nécos, au mois de décembre 1798.

M. LAROQUE.

Vous nous avez déjà parlé de cette excursion et des dangers que courut le général en explorant les bords de la mer Rouge.

M. GIRARD.

Bonaparte fit exécuter ces études, mais il appréciait d'ailleurs à l'avance l'importance de cette entreprise et les difficultés qu'elle rencontrerait dans son exécution. La chose est grande, répondait-il à la commission scientifique, ce ne sera pas moi qui maintenant pourrai l'accomplir ; mais le gouvernement turc trouvera peut-être un jour sa conservation et sa gloire dans l'exécution de ce projet.

M. D'HARVILLE

Ce fut M. Lepère, ingénieur en chef, directeur général des ponts et chaussées, qui fut chargé d'étudier le terrain et de préparer un projet de canal pour le passage direct des navires de la Méditerranée à la mer Rouge.

Les travaux de cet ingénieur, fort habile du reste, furent plusieurs fois interrompus et durèrent plus de trois ans. Ils furent d'ailleurs exécutés au milieu de dangers de toute espèce et entravés par mille difficultés.

M. GIRARD.

Ces circonstances défavorables furent la cause de l'erreur capitale que commit M. Lepère dans son savant rapport, en affirmant, comme l'avaient fait les anciens, que les deux mers n'avaient pas le même niveau.

CHARLES.

Mais ce fait, s'il était vrai, ne serait-il pas contraire aux lois de l'hydrostatique ?

M. GIRARD.

En effet.

CHARLES.

Cette erreur, qui se comprend chez les anciens, puisqu'ils ne connaissaient qu'imparfaitement les lois naturelles de l'équilibre des eaux, me paraît étrange à une époque aussi avancée que la nôtre ?

M. GIRARD.

Nous vous avons dit les difficultés que rencontra ce nivellement, dont le parcours était de plus de cent quatre-vingts kilomètres ; et quelles que soient les causes de l'erreur qui fut commise, il est certain que M. Lepère affirma que le niveau de la mer Rouge était plus élevé que celui de la Méditerranée ; la différence qu'il constata était de dix mètres environ, tandis que les anciens ne l'évaluaient qu'à un mètre et demi.

M. D'HARVILLE.

Deux savants illustres de la même époque, Laplace et Fourier, tout en rendant hommage à la capacité de l'ingénieur, protestèrent contre

cette prétendue inégalité de niveau, qui, ainsi que vient de le dire
Ernest, eût été en complet désaccord avec les données de la science

Lepère ne regardait pas d'ailleurs comme impossible l'ouverture de
ce canal; mais il fallait, d'après lui, établir de gigantesques écluses
ce qui aurait entraîné des dépenses tout à fait exagérées.

M. Lepère renonça, en présence de ces graves difficultés, à l'idée
d'ouvrir un canal direct entre les deux mers, et proposa d'établir une
série de canaux dérivés du Nil; ces canaux se divisaient en deux
principaux : l'un, pour le mouvement commercial de l'intérieur,
partait d'Alexandrie et aboutissait à Suez; l'autre, pour le transit
entre les deux mers, partait de Péluse et aboutissait au même point;
ces canaux communiquaient entre eux, et étaient munis d'écluses et de
biefs

Nous n'entrerons pas dans le détail du projet de M. Lepère, projet
savamment établi, et présentant un degré de précision, comme étude
des travaux, qui le rend fort curieux.

Ce projet aurait, dans son exécution, rencontré des obstacles très
graves, et il aurait d'ailleurs été fatal à l'agriculture, en détournant
de l'irrigation une énorme quantité d'eau.

Il semble probable que M. Lepère ne se préoccupa que fort peu
de cette question intéressante; il s'agissait cependant de dix-sept
ou dix-huit millions de mètres cubes d'eau à fournir, rien que pour
remplir le bassin des lacs amers, sans parler du parcours de près de
cinq cents kilomètres de canaux.

Malgré ces erreurs ou ces défauts d'appréciation, le projet de Lepère
a eu de grands résultats. D'abord il a appelé l'attention sur la question du tracé direct d'un canal entre les deux mers. De plus, son rapport contient des renseignements très complets sur la navigation dans
la mer Rouge, et tend à détruire le préjugé établi jusqu'alors touchant
les difficultés de cette navigation.

Enfin le projet de Lepère a amené plus tard l'exécution du canal d'Alexandrie ; ce canal est établi dans des conditions telles qu'il peut servir en toute saison à l'alimentation, à l'irrigation et à la navigation de cette ville ; c'est le plus beau canal de l'Egypte.

M. GIRARD.

C'est le canal Mahmoudich, œuvre de Méhémet-Ali.

M. D'HARVILLE.

Le rapport de Lepère ne fut terminé qu'après l'évacuation de l'Egypte, et publié en 1800, et il ne fut point fait de nouvelles études pendant plusieurs années, c'est-à-dire jusqu'à 1810.

M. GIRARD.

Il est vrai qu'il ne fut point fait de nouvelles études pour l'ouverture de l'isthme pendant cette période, mais il faut mentionner les efforts de l'Angleterre pour rétablir une communication à travers l'Egypte entre l'Europe et ses possessions de l'Inde, non pas au moyen d'un canal, mais par l'établissement de routes ou de chemins de fer entre Alexandrie et Suez. En 1820, un officier anglais, nommé *Waghorn*, conçut le projet de faire passer par l'Egypte les dépêches échangées entre l'Angleterre et l'Inde ; il exécuta lui-même ce projet, transportant les dépêches d'Alexandrie à Suez à dos de dromadaire, et de là s'embarquant pour l'Inde, et démontra ainsi que cette voie, toute difficile qu'elle fût, était de beaucoup plus courte que celle par le cap de Bonne-Espérance.

M. D'HARVILLE.

Ce ne fut que vers 1840 qu'il s'établit un service régulier de bateaux à vapeur entre l'Inde et Suez, correspondant avec un autre service organisé entre Alexandrie et l'Angleterre.

M. GIRARD.

La compagnie qui accepta l'entreprise de ces deux lignes de bateaux à vapeur n'oublia point la reconnaissance due à Waghorn, et assura à sa veuve une pension viagère de vingt-cinq mille francs.

M. D'HARVILLE.

M. de Lesseps n'a pas non plus oublié l'énergique officier qui eut le courage de se transformer en courrier pendant plusieurs années; le nouveau quai de Suez porte son nom, et l'on y a érigé son buste en

face de la   er Rouge, qu'il parcourut tant de fois au péril de ses
jours.

Mais l'entreprise anglaise ne se borna pas à l'établissement de ces
deux lignes de bateaux; il fallait encore traverser l'Egypte, le trajet
entre Alexandrie et le Caire s'effectuait déjà en chemin de fer; on établit un service de diligences du Caire à Suez; ces diligences, peu
confortables, mal suspendues, franchissaient la distance en quinze
heures, malgré les difficultés de ce parcours de cent quarante kilomètres; mais en 1847, cette route fut remplacée par un chemin de
fer, qui donna une grande importance à la ville de Suez, et permit d'y
transporter, sans trop de frais, l'eau douce qui y avait toujours manqué jusqu'à cette époque.

Toutefois, l'idée d'établir une communication entre les deux mers,
soit par le moyen d'un canal direct, soit par la dérivation du Nil, ne
cessait de préoccuper les esprits.

M. GIRARD.

En 1834, le major Chesney, officier de la compagnie des Indes,
avait effectué un nivellement de l'isthme entre Péluse et Suez, et
soutenu qu'un canal était praticable entre les deux points, affirmait
d'ailleurs que les deux mers n'offraient point la différence de niveau
précédemment constatée par l'ingénieur Lepère.

M. D'HARVILLE

Parmi les études vraiment remarquables qui furent faites à cette
époque, de la question qui nous occupe, il faut mentionner celle entreprise sous la direction de *M. Enfantin.*

L'ABBÉ MOREAU.

Voulez-vous parler du trop célèbre apôtre des Saint-Simoniens ?

M. D'HARVILLE.

C'est, en effet, de lui qu'il s'agit; cet homme était doué d'un incontestable talent, qu'il appliqua à la prédication de tristes et funestes
doctrines; ce n'est pas ici le lieu de les rappeler; je dirai seulement
qu'il s'occupa de l'étude des moyens à employer pour mettre en communication la Méditerranée et le golfe Arabique. Cette étude fut faite
par les ingénieurs Stephusen, de Négrelli, Linaut de Bellefonds et

Paulin Talabot, le premier, anglais, le second, autrichien, et les deux derniers, français; ils établirent d'une manière certaine que le niveau des deux mers était le même. Nous n'entrerons pas, du reste, dans le détail de leur projet ni dans celui de M. Barrault, qui est postérieur à celui de ces messieurs; nous dirons seulement que leurs projets, pour des causes que nous ignorons, prenaient toujours pour base principale la dérivation du Nil, ce qui les rendait impraticables, malgré les ressources de la science moderne.

Mais nous renverrons à demain la suite de notre étude, car nous voici arrivés à M. de Lesseps et à son œuvre

CHAPITRE X.

—

DIXIÈME SOIRÉE.

M. LAROQUE.

Avant de nous parler des travaux entrepris par M. de Lesseps,
faites-nous connaître cet homme remarquable ?

M. LOMBARD.

Quel âge a-t-il ?

M. GIRARD.

M. Ferdinand de Lesseps est né à Versailles à la fin de 1805 ; il a
donc soixante-cinq ans environ.

M. D'HARVILLE.

Le comte Mathieu de Lesseps, son père, fut le premier consul que
la France envoya en Egypte, après l'expédition de Bonaparte ; et il y
joua un rôle fort important, car il contribua à l'élévation de Méhémet-
Ali au pouvoir ; aussi ce prince a-t-il légué à sa famille les sentiments
d'amitié et de confiance dont il honorait le consul français

M. GIRARD.

Barthélemy de Lesseps, frère de Mathieu de Lesseps, avait suivi

Lapeyronse. dans son grand voyage autour du monde ; et de tous les compagnons du célèbre et infortuné navigateur, il fut le seul qui revit la France.

M. D'HARVILLE.

Ferdinand de Lesseps débuta, tout jeune encore, dans la carrière de la diplomatie ; il était consul au Caire en 1831, et remplissait par intérim les fonctions de consul général en Egypte, lorsqu'y apparut la peste, qui emporta en quelques mois, le tiers de la population

Devant le terrible fléau, le jeune consul déploya la plus grande énergie, et se rendit entièrement populaire.

Il fut plus tard envoyé comme consul à Barcelonne, et s'y trouva en 1842, au moment où cette ville, à la suite de troubles politiques, allait être bombardée ; il sut pourvoir à la sûreté de ses nationaux et sauvegarder leurs intérêts ; fit donner asile, à bord des navires français, aux Espagnols dont la vie était en danger, et arriva, par ses démarches, à détourner de la vieille cité espagnole un désastre complet

M. GIRARD.

A la suite de ces évènements. M. de Lesseps, qui avait été nommé chevalier de la légion d'honneur après la peste d'Alexandrie, reçut la croix d'officier ; et le titre de consul général ; ce n'est pas tout : la chambre de commerce de Marseille lui vota une adresse de remerciments ; celle de Barcelonne commanda son buste en marbre, et fit frapper une médaille en son honneur.

M D'HARVILLE.

Après la révolution de février 1848, il fut envoyé, comme ministre plénipotentiaire à Madrid, et de là à Rome l'année suivante, puis il demanda à être mis en disponibilité.

Cinq ans après, c'est-à-dire vers la fin de 1854, Mohammed-Saïd succédait à Abbas-Pacha sur le trône de l'Egypte. Ce prince, qui se connaissait en hommes et qui, sous la direction d'un français, M. Kernig, s'était formé aux études et à l'esprit de l'Europe, se souvint du jeune consul qu'il avait autrefois connu à Alexandrie, et, dans une lettre extrêmement flatteuse, où il lui conférait le titre de *secrétaire de ses commandements*, il invita M. de Lesseps à venir le visiter. M. de

Lesseps s'étant rendu en Egypte, profita de l'intimité de ses relations avec le prince, pour l'entretenir du projet qu'il mûrissait depuis longtemps d'ouvrir un canal direct de communication entre les deux mers ; et, sur la demande du vice-roi, rédigea presque sur le champ un mémoire où il résumait toute cette question.

M. GIRARD.

Dans ce mémoire largement connu, M. de Lesseps se prononce d'abord affirmativement sur la possibilité de l'exécution matérielle du canal ; puis, de la manière la plus nette, il établit que cette œuvre ne peut léser aucune nation dans ses intérêts universels ou particuliers.

M. D'HARVILLE.

Quinze jours plus tard, le 30 novembre 1854, le vice-roi signait un *firman* de concession, où il donnait à *son ami, Ferdinand de Lesseps, pouvoir de constituer et diriger une compagnie pour le percement de l'isthme de Suez et l'exploitation d'un canal entre les deux mers.*

Maitre de cette concession, le premier soin de M. de Lesseps fut de faire procéder à une étude minutieuse du terrain et de préparer un avant-projet.

Ce travail fut confié à M. Linaut-Bey, dont nous avons déjà parlé, et à M. Mongel-Bey, ingénieur français sorti de l'école polytechnique qui était au service de l'Egypte, et spécialement chargé des travaux de barrage du Nil.

Ces deux ingénieurs, après s'être rendu compte des avantages et des inconvénients des tracés déjà proposés, se prononcèrent pour la ligne qui traversait directement l'isthme entre Suez et Péluse ; et voici ce qui résulte de leur mémoire, quant à la conformation du terrain.

Leur projet de canal traversait pendant soixante kilomètres du nord au sud, des terrains bas, couverts le plus souvent par les eaux des lacs Menzaleh et Ballah.

M. GIRARD.

Vous savez que ces lacs étaient autrefois, on le suppose du moins, occupés par la Méditerranée.

M. ....

A partir de ce point, et pendant quinze kilomètres, le canal traversait une dune, appelée seuil d'El-Guisr, dont une partie est à vingt mètres au-dessus du niveau de la mer.

M. LOMBARD

C'était sans doute l'obstacle le plus difficile à franchir ?

M. D'HARVILLE.

Oui ; mais il était impossible de l'éviter.

Vient ensuite le lac Timsah, qui est à sec, et dont la profondeur au-dessous du niveau de la mer varie entre quatre et sept mètres.

Puis le seuil du Sérapéum, qui s'étend jusqu'aux lacs amers, sur une longueur de quatorze kilomètres ; c'est une dune de sable, comme le seuil d'El-Guisr, et sa plus grande hauteur est de seize mètres.

La traversée des lacs amers, que nous avons déjà décrits est de quarante kilomètres ; après quoi le canal devait franchir le seuil de Chalouf, qui est séparé de la mer Rouge par un terrain en pente uniforme ayant environ vingt kilomètres.

M. GIRARD.

Ces parties culminantes de l'isthme, portant le nom de seuils, sont, nous l'avons déjà vu, de formation relativement peu ancienne ; nous avons expliqué qu'ils ont été produits, soit par des travaux de main d'hommes, soit par des tremblements de terre, soit enfin par l'accumulation progressive des sables.

M. D'HARVILLE.

Ce canal avait, d'après le projet des ingénieurs, environ cent cinquante kilomètres de long et cent mètres de large ; ils indiquent du reste divers travaux d'art à effectuer ; du côté de Suez et de Péluse, c'est-à-dire à l'entrée des deux mers, ils proposaient notamment d'établir d'immenses écluses, avec des barrages à poutrelles mobiles, qui devaient permettre de faire arriver et de retenir dans le canal le flot de la haute marée..

Enfin pour répondre au désir du vice-roi, les ingénieurs proposaient aussi de creuser un canal d'eau douce, entre l'isthme et la Basse-Égypte.

M. GIRARD.

Les ingénieurs évaluaient le cube de terrain à remuer pour le canal maritime seul à soixante-quatorze millions de mètres; et la dépense totale à cent soixante millions de francs.

M. D'HARVILLE.

Après ces études préliminaires, M. de Lesseps voulut que son projet grandiose reçut l'approbation solennelle de la science; et sur sa demande, une commission internationale, où la plupart des gouvernements européens se trouvèrent représentés par des hommes spéciaux, se réunit à Paris au mois d'octobre 1855. Elle choisit dans son sein un certain nombre de délégués qui se rendirent en Egypte au mois de novembre suivant pour examiner les lieux et donner leur avis sur le projet du canal.

M. GIRARD

Le vice-roi accueillit les savants européens de la manière la plus honorable; il mit à leur disposition ses palais et ses serviteurs; et dépensa, dit-on, pour les recevoir, plus de trois cent mille francs. Vous recevez ces messieurs comme des rois, lui dit-un jour M. de Lesseps, émerveillé de sa courtoisie. — Ce sont les rois de la science, répondit simplement Mohammed-Saïd.

M. D'HARVILLE.

Après avoir exploré attentivement l'isthme, entre Suez et Péluse, sondé les abords de la mer Rouge et de la Méditerranée, la commission confirma les appréciations de M. de Lesseps, et donna pleine sanction à son projet. Elle proposa cependant de le modifier sur quelques points, de supprimer les écluses qui ne pouvaient atteindre le but que l'on avait en vue, de donner au canal une profondeur uniforme de huit mètres et une largeur de quatre-vingts mètres à la ligne d'eau.

Enfin la commission évaluait le cube de terrain à quatre-vingt-seize millions de mètres et la dépense à deux cents millions.

Ce nouveau projet a été exécuté presque complètement, et n'a subi que fort peu de changements dans le cours des travaux.

M. GIRARD.

Les études de cette commission dissipèrent en Europe des préjugés qui étaient depuis longtemps enracinés : ainsi l'on croyait encore que

les deux mers n'avaient point le même niveau, et qu'en les unissant
on exposerait l'Egypte à de redoutables malheurs.

M. LOMBARD.

Vous avez dit que Lepère lui-même avait évalué cette différence à
environ dix mètres.

M. GIRARD.

On s'effrayait aussi beaucoup des sables mouvants qui combleraient
le canal en fort peu d'années; on affirmait encore que l'on rencontrerait des masses énormes de rochers; qu'au surplus ce canal, lors
même qu'il serait exécuté dans les conditions les plus favorables,
deviendrait inutile, la navigation de la mer Rouge étant interdite aux
grands navires à voiles

M. D'HARVILLE.

La commission internationale établit que toutes ces craintes
n'avaient aucun fondement sérieux, et déclara que le canal pouvait
être exécuté sans danger d'aucune sorte, affirmant d'ailleurs qu'il
aurait une importance immense pour le commerce européen.

Cette commission ne termina son rapport qu'à la fin de 1856;
M. de Lesseps qui avait déjà obtenu au mois janvier précédent un
nouvel acte de concession du vice-roi, s'occupa dès lors de fonder une
compagnie et d'ouvrir une souscription utile à fournir les fonds
nécessaires.

Cette souscription fut couverte avant la fin de 1858, et rien désormais ne semblait devoir entraver les travaux, lorsque surgirent des
difficultés auxquelles on était bien loin de s'attendre.

Nous ne dirons que quelques mots de ces difficultés qui furent sou-
levées par les Anglais.

M. GIRARD.

Ou plutôt par le ministère anglais, et par ce ministère seul, car la
population des centres manufacturiers de la Grande-Bretagne, s'était
ouvertement et à différentes reprises, prononcée en faveur de l'œuvre
de M. de Lesseps.

M. D'HARVILLE.

Malheureusement ce ministère voyait dans l'ouverture du canal une œuvre eminemment française, une entreprise qui s'accomplissait en-dehors de son initiative et de son influence.

Interprète de cette pensée de jalousie, l'ambassadeur anglais à Constantinople, lord Strafford de Radcliffe, insista de la manière la plus pressante, et dès le commencement de 1855, auprès du ministère ottoman pour que l'acte de concession ne fut pas définitivement ratifié avant que l'Angleterre eut donné son avis sur l'opportunité de cette entreprise.

Mais nous ne nous appesantirons pas davantage sur ces difficultés regrettables; elles furent surmontées par la persévérance de M. de Lesseps, dont le courage resta inébranlable jusqu'au dernier jour.

Ce fut le 25 avril 1859, lundi de Pâques, que sur la plage de Port-Saïd, un petit groupe de travailleurs et d'ingénieurs se rassembla, tenant chacun une pioche à la main; puis un homme sortit des rangs, et prononça ces paroles d'une voix émue : *Au nom de la compagnie universelle du canal maritime de Suez, et en vertu des décisions de son conseil d'administration, nous allons donner le premier coup de pioche sur le terrain qui ouvrira l'accès de l'Orient au commerce et à la civilisation de l'Occident.*

Cet homme c'était M. de Lesseps.

M. GIRARD.

Le premier coup de pioche était donné, le premier pas était fait vers l'accomplissement de cette grande œuvre; mais que de travail avant d'en voir la fin ! Que d'obstacles à surmonter !

M. D'HARVILLE.

Vous dites vrai, mon cher Girard; et en effet le chantier de travail qui s'ouvrait devant M. de Lesseps était le désert; il fallait donc faire transporter de très loin et à grands frais, non-seulement les machines et les outils sans lesquels rien ne pouvait s'accomplir, mais encore les denrées de toute espèce nécessaires pour les ouvriers et les employés attachés à la surveillance et à la direction des divers travaux. Rien ne se trouvait sur place, rien, pas même de l'eau potable.

Ce manque d'eau fut un des plus graves inconvénients qui entravèrent l'entreprise pendant les premiers temps.

Dans la partie nord de l'isthme, où s'installèrent tout d'abord les travailleurs, c'est-à-dire sur les bords du lac Menzaleh, on se procurait l'eau douce dans quelques puits très rares et souvent à sec, ou en la faisant venir de Damiette, ou enfin en distillant l'eau salée de la mer ou celle du lac; mais n'en avait pas qui voulait, car le tonneau d'eau porté de Damiette coûtait cinq francs et celui d'eau distillée vingt-cinq francs.

Cette disette était encore bien plus grande à mesure que l'on avançait dans l'intérieur de l'isthme, et qu'on se rapprochait de Suez: cette ville surtout qui deviendra, par suite de sa position géographique, un centre de commerce fort important, n'avait d'autre eau à boire que celle transportée du Caire par le chemin de fer.

L'ABBÉ MOREAU

Les fontaines de Moïse sont-elles donc bien éloignées?

M. D'HARVILLE

Elles sont à plus de trois lieues de distance, et l'eau qu'elles fournissent en petite quantité, n'est bonne que pour les chameaux.

M. GIRARD.

On lit ce qui suit dans les lettres sur l'Egypte de M. Barthélemy de Saint-Hilaire, qui y fit un voyage en 1855: Suez n'a pas une goutte d'eau, aussi n'a-t-elle pas un seul arbre, un seul brin d'herbe, une seule fleur; et il y a bien des gens qui naissent et qui meuren dans ses murs sans savoir ce que c'est que la verdure et la végétation. Par une suite nécessaire, le marché à l'eau a pris un développement exceptionnel, et le précieux liquide s'y vend parfois à des prix exorbitants; il y a des époques où elle se vend jusqu'à quarante-cinq centimes le litre

M. D'HARVILLE.

Il se consommait à Suez, dont la population était de cinq mille âmes environ, pour douze cent mille francs d'eau par an depuis l'établissement du chemin de fer.

M. LAROQUE.

Qu'était-ce donc auparavant?

M. D'HARVILLE.

Il en était de même dans l'intérieur de l'isthme, car l'on n'y avait pas même la ressource de l'eau de mer propre à la distillation

M LOMBARD.

Cependant ne nous avez-vous pas dit que la terre de Gessen, cette terre autrefois si fertile qu'habitaient les Hébreux, se trouvait dans cette partie de l'Égypte.

M. D'HARVILLE

C'est la vérité, mon vieil ami ; cette terre, qui porte aujourd'hui le nom d'*Ouady Toumilah* était située entre la vallée du Nil et le désert qui entoure Suez ; mais elle devait cette fertilité qui la rendit autrefois si célèbre et lui fit donner le nom de terre des pâturages, aux canaux d'arrosement que l'on dérivait du Nil et qui étaient sans doute entretenus avec beaucoup de soin. Du jour où ces canaux furent détruits ou négligés, le sol devint complètement aride et semblable au reste du désert.

Dans le but de rendre ce pays à la culture, Méhémet-Ali, nous l'avons déjà expliqué en parlant de ce prince, fit creuser un canal qu'il appela Mahmoudié et qui conduisait les eaux du Nil jusque vers le milieu de la vallée ; c'est-à-dire entre *Zagazig* et Ismaïlia, où il se reliait avec un second canal appelé Cherkaoué.

Lorsque M. de Lesseps s'installa en Égypte, la vallée de Gessen avait déjà complètement changé d'aspect ; elle était remise en culture, et peuplée de laboureurs arabes, qui lui rendront son ancienne fertilité.

Comprenant avant tout la nécessité de fournir de l'eau aux nombreux ouvriers qu'il allait appeler pour plusieurs années dans l'isthme, M. de Lesseps résolut de profiter des canaux dont nous venons de parler, et d'achever ce grand travail d'irrigation do l'isthme, en amenant l'eau douce jusqu'à Ismaïlia et jusqu'à Suez, la ville sans eau, la ville de la soif.

Au mois d'avril 1861, trois mille fellahs commencèrent à creuser un canal qui, prolongeant celui de Méhémet-Ali à partir de Zagazig au nord, s'infléchit vers le sud à l'approche d'Ismaïlia, où l'eau douce est conduite par un embranchement, longe les lacs amers, et vient enfin aboutir à Suez.

Je ne dois pas oublier d'ajouter qu'un embranchement de ce canal vient approvisionner Ismaïlia, et que de cette ville l'eau douce est lancée par de puissantes machines dans d'énormes tuyaux jusqu'à Port-Saïd.

M. LOMBARD.

Quelles sont les dimensions de ce canal ?

M. D'HARVILLE.

Elles sont plus importantes que vous ne le supposez sans doute ; ce canal a dix-sept mètres de largeur au plan d'eau, et huit seulement au plafond, sur une profondeur de deux mètres et quart ; sa longueur est d'environ cent-soixante-quinze kilomètres ; c'est, vous le voyez, non-seulement une source d'alimentation pour l'isthme, mais encore une voix navigable auxiliaire du canal maritime.

En effet les bateaux légers, partant de Suez ou de Port-Saïd, arrivent à Ismaïlia par le canal maritime, et là peuvent entrer dans l'autre canal, traverser l'Ouady, arriver au Caire et remonter ou descendre le Nil, d'un bout à l'autre de l'Egypte.

M. GIRARD.

Ainsi désormais le commerce universel et le commerce local de la vallée du Nil se confondront en un commun contact qui fera de cette terre privilégiée la plus riche contrée du monde.

M. D'HARVILLE.

On ne pourrait aisément se faire une idée de ce qui se passa à Suez le jour de l'ouverture de ce bienheureux canal ; les malheureux arabes à qui l'eau douce coûtait quarante-cinq francs par mois, se plongeaient avec délices dans ces flots coulant à plein bords.

L'ABBÉ MOREAU.

C'était pour eux, je le comprends, une nouvelle réalisation du miracle d'Horeb.

M. D'HARVILLE.

Huit années se sont à peine écoulées depuis que ce canal traverse la vieille terre de Gessen, et cette terre est aujourd'hui complètement transformée ; sur le passage de cette eau bienfaisante ont surgi les jardins et les exploitations agricoles ; les dattiers, les oliviers, les orangers y croissent à merveille ; le mûrier s'y développe admirablement, et le jour n'est pas loin où cet isthme, tout à fait infertile depuis des siècles, fournira à l'Europe de magnifiques produits.

M. GIRARD.

Alors même que l'œuvre de M. de Lesseps se fut bornée à l'ouverture de ce canal, elle aurait suffi à sa gloire et cependant ce n'est qu'une faible partie de son entreprise !

M. D'HARVILLE.

Cette opération dont l'utilité vous semble incontestable, souleva néanmoins l'opposition ou la critique du ministère anglais, fidèle à l'esprit de dénigrement qu'il avait montré dès les premiers jours.

A cette occasion, permettez-moi de vous raconter le fait suivant, qui vous montrera jusqu'à quel point ce ministère poussait cet esprit d'opposition égoïste que nous avons déjà signalé.

Un fonctionnaire anglais, en résidence à Suez, n'avait cessé de répéter que le canal d'eau douce était une chimère, et le canal maritime un leurre.

M. GIRARD.

Ces expressions semblent un peu dures; mais lord Palmerston lui-même s'était oublié, jusqu'à dire, du haut de la tribune du parlement, que l'entreprise de M. de Lesseps n'était qu'un de ces nombreux *projets d'attrappe, qui de temps en temps sont tendus à la crédulité des capitalistes gobe-mouches.*

M. LAROQUE.

Un pareil langage était bien fait pour soulever l'indignation publique.

M. D'HARVILLE.

C'est ce qui arriva en effet ; et la cause du canal, ne fit que gagner en Europe, grâce au langage de son plus grand ennemi.

Mais je reviens au fonctionnaire de Suez dont je vous parlais tout-à-l'heure ; il soutenait donc, bien que les choses s'accomplissent sous ses yeux, que les canaux projetés étaient impossibles, il alla plus loin, et pour démontrer que l'arrivée de l'eau douce à Suez était un rêve de M. de Lesseps, il fit construire à très grands frais un appareil pour distiller l'eau de mer, se chargeant, disait-il, de fournir, par ce moyen, d'eau potable, tous les navires de la rade et tous les habitants de la ville elle-même, et, quand on lui parlait d'eau douce il montrait avec orgueil son usine prête à fonctionner en répétant : voilà le vrai canal.

Il a persisté dans sa conviction, qui lui était sans doute imposée, jusqu'au jour où l'eau douce arrivant à Suez, l'évidence a coupé court à toute discussion.

M. LOMBARD.

Comment a-t-il pris la chose ?

M. D'HARVILLE.

En homme d'esprit : il a reconnu gaiment qu'il s'était trompé, a porté sans humeur la santé de M. de Lesseps dans un banquet, et a sans aucun retard, demandé une concession d'eau pour arroser son jardin.

M. LAROQUE.

Mais qu'a-t-il fait de son usine?

M. GIRARD.

Il a sans doute relégué ses appareils au grenier.

CHARLES.

Il aurait dû en faire hommage à lord Palmerston.

ERNEST.

Peut-être a-t-il transformé son usine en moulin à eau.

M. D'HARVILLE.

On m'a raconté qu'un certain jour, M. Guichard, intelligent défricheur de la plaine de Gessen, apporta au galop de son cheval une bouteille de l'eau du Nil, prise au canal alors en cours d'exécution, et l'offrit, comme une rareté, aux convives réunis à l'hôtel de Suez. Tous, à l'exception des Anglais, la trouvèrent excellente. Cette époque est déjà loin ; cette eau coule aujourd'hui à plein bords dans la ville, et les environs sont transformés en jardins, où les indigènes, qui ignoraient autrefois ce que c'était qu'un brin d'herbe, cultivent les légumes les plus variés et les fleurs les plus rares. Aussi la population a-t-elle centuplé depuis cette époque.

M. GIRARD.

Que sera-ce donc quand le canal maritime sera en pleine prospérité?

M. D'HARVILLE.

Ce canal a certainement été fort coûteux puisque le vice-roi d'Egypte l'a racheté à la compagnie concessionnaire, moyennant une somme de dix millions, afin d'abandonner gratuitement les eaux aux villes de Suez, d'Ismaïlia et de Port-Saïd.

M. GIRARD.

Cette somme n'est pas énorme, car la ville de Marseille a dépensé quarante millions pour se procurer les eaux de la Durance.

M. D'HARVILLE.

Il a rendu d'ailleurs de très grands services à l'entreprise, en fournissant l'eau nécessaire à l'alimentation des ouvriers, et en facilitant le transport des approvisionnements et des machines employées pour creuser le canal maritime. C'est ainsi que l'on conduisait les dragues et autres engins jusqu'aux lieux où ils devaient fonctionner, tandis qu'il eut été presque impossible de leur faire franchir le seuil d'El-Guisr ou celui du Sérapéum.

Encore fallait-il des centaines d'hommes aidés de dromadaires pour hâler le long des berges ces gigantesques machines qui s'empêtraient entre les rives, ou s'engravaient dans la vase.

M. GIRARD.

C'est ainsi sans doute qu'autrefois les Egyptiens s'attelaient pour trainer jusqu'à Thèbes ou Memphis les obélisques et les blocs de granit qui servirent à la construction des pyramides.

M. D'HARVILLE

Nous allons maintenant vous dire un mot du canal maritime et des travaux qu'il nécessita.

Mme GIRARD.

L'heure me semble assez avancée, et je vous prie, mon frère, d'attendre jusqu'à demain soir; nous vous écouterons encore avec plaisir.

CHAPITRE XI.

ONZIÈME SOIRÉE.

M. D'HARVILLE.

Nous avons hier parcouru à vol d'oiseau l'isthme de Suez; nous
vous avons fait connaître la nature des terrains que le canal devait
successivement traverser, et les difficultés d'exécution qu'il rencontrait
sur son passage.

Nous allons aujourd'hui le suivre un peu plus lentement dans son
parcours, et entrer dans quelques détails sur les travaux; vous com-
prendrez alors quel courage il a fallu à M. de Lesseps pour persévérer
jusqu'au bout dans son entreprise, et quels talents il a dû montrer en
présence de mille difficultés pour relever celui des entrepreneurs, des
ingénieurs et des ouvriers de toute espèce appelés à le seconder.

Dans la partie qui avoisine la Méditerranée, l'ouverture du canal
ne rencontrait que fort peu d'obstacles; cependant les adversaires du
projet avaient soulevé sur ce point deux objections extrêmement
graves.

Voici la première :

On affirmait, non sans quelque apparence de raison, qu'en avant de

Péluse une barrière de vase, accumulée depuis des siècles, défendait l'abord de la côte et en interdisait l'accès aux navires.

M. GIRARD.

Ce fait, qui avait passé en Egypte à l'état de préjugé traditionnel, a peut-être été vrai à une époque ancienne, c'est-à-dire au temps où la branche pélusiaque du Nil, qui se perd aujourd'hui dans le lac Menzaleh, avait son embouchure dans la mer ; ce qui tend à confirmer cette idée, c'est la signification du mot *Péluse*, en grec, celle de *zin*, en égyptien, et de *tineh*, en arabe, noms que cette ville a portés successivement, et qui tous les trois signifient *boue*.

M. D'HARVILLE.

Dans tous les cas, et en admettant la vérité de votre explication, tout a changé aujourd'hui ; aux abords de l'éluse et de Port-Saïd, la mer s'étend sur un lit de sable ; et l'on n'y voit pas la moindre trace de vase menaçante. Du reste, ce fait avait été parfaitement établi par les ingénieurs Linant-Bey et Mougel-Bey, et après eux par les délégués de la commission internationale.

Restait la seconde objection soulevée par les adversaires du canal : ils affirmaient que ce canal, débouchant sur la plage de l'éluse, les sables poussés par les flots de la Méditerranée, l'obstrueraient bientôt et y élèveraient une barrière qui, se renouvelant sans cesse, apporterait un sérieux obstacle à la navigation, et obligerait la compagnie à des frais de curage continuels et considérables.

Ces craintes ne manquaient pas de fondement ; aussi la compagnie, qui élevait sur les bords de la Méditerranée une ville destinée à devenir, sous le nom de Port-Saïd, un point de relâche important pour le transit, s'empressa de chercher les moyens d'y créer un port tranquille pour les navires, et d'y élever un rempart qui protégeât le canal contre l'envahissement dont il était menacé.

Les travaux qu'elle entreprit dans ce but sont vraiment remarquables, et méritent d'être cités parmi les grands ouvrages de l'art moderne. Il fut établi, en avant de Port-Saïd, deux jetées, l'une de deux mille sept cents mètres, à l'ouest, l'autre de dix-neuf cents, à l'est ; elles laissent à leur extrémité une ouverture de mille quatre cents mètres, et forment ainsi une rade spacieuse, dont la profondeur, va-

due uniforme par les dragues, permet aux navires du plus fort tonnage d'y pénétrer sans danger ; par ce moyen, l'entrée du canal se trouve rejetée dans la mer bien au-delà du point où l'on pouvait raindre l'invasion des sables.

M. GIRARD.

D'où a-t-on tiré les blocs nécessaires pour la construction de ces immenses jetées?

M. LAROQUE.

N'a-t-on pas été obligé de les transporter de fort loin, du midi de l'Egypte ; peut-être des montagnes qui fournirent autrefois le granit des pyramides ?

M. D'HARVILLE.

Il se trouve dans l'isthme même des gisements qui auraient pu fournir les pierres nécessaires à ce travail ; mais les ingénieurs pensèrent qu'il était plus avantageux d'employer des blocs artificiels.

M. GIRARD.

C'est ce que l'on avait fait pour la jetée de Cherbourg.

M. LAROQUE.

N'a-t-on pas employé le même système pour les travaux du port d'Alger?

M. D'HARVILLE.

Vous avez raison ; le nouveau pont construit sur le Rhin a été aussi exécuté avec des blocs artificiels.

ERNEST.

Comment fabrique-t-on ces blocs?

M. D'HARVILLE.

Avec du sable et de la chaux combinés d'après une manière particulière ; on forme un mélange liquide, qui est enfermé dans des caisses en bois pour lui donner la forme et les dimensions voulues ; il sèche dans ce moule pendant quelques jours, après quoi il est exposé pendant trois mois à l'air et à la chaleur du soleil; il devient alors aussi dur que le granit. Ces blocs, dont le volume atteignait jusqu'à vingt mètres cubes, étaient chargés sur des allèges qui les transportaient sur un point désigné et les précipitaient dans la mer. Il paraît qu'à Port-Saïd on en a employé environ vingt-cinq mille

.'ai assisté moi-mê ae à l'immersion de plusieurs de ces blocs, don,
le poids était de vingt tonnes ou deux mille kilogrammes; et je puis
vous assurer que ce spectacle est fait pour émouvoir les personnes
même les moins impressionnables; j'ai poussé un cri de terreur
lorsqu'à un signal donné, ces énormes blocs ont glissé et ont disparu
dans la mer, faisant jaillir autour d'eux des gerbes d'eau qui retom-
baient sur nous, et que l'allége qui nous portait a semblé lancée dans
l'espace, sur la crête de la vague formée par l'immersion; il fallait
avoir soin de se tenir ferme au poteau d'amarrage de la *mahonne* ou
allége, sinon l'on courait le risque d'être renversé ou jeté par dessus
le bord.

M. LOMBARD.

Quelle peut être l'étendue de la rade de Port-Saïd?

M D'HARVILLE.

Environ trois cent trente hectares; vous voyez qu'il y a de la place
pour quelques navires.

Ce sont les MM. Dussault frères, entrepreneurs déjà connus pour
leurs travaux de Marseille, de Cherbourg et d'Alger, qui ont été chargés de la construction de ces jetées.

M. LAROQUE.

La ville de Port-Saïd est-elle située sur l'emplacement de l'ancienne
Péluse?

M. D'HARVILLE.

Non; Port-Saïd est située sur la côte, à vingt-huit kilomètres à
l'ouest des ruines de cette ancienne cité; sur cette côte aride et sa-
blonneuse, où l'on ne voyait aucune trace d'habitation, rien, pas
même un brin d'herbe, s'est élevé dans l'espace de moins de dix ans,
une ville de douze mille âmes, où l'on trouve des manufactures, des
bazars, des docks, des palais, des hôtels, qui, pour le luxe et le con-
fort, n'ont rien à envier à ceux de l'Europe.

L'ABBÉ MOREAU

N'y voit-on point encore d'église?

M. D'HARVILLE.

Pardonnez-moi, mon cher abbé; on y trouve une chapelle catholique avec une école de petits garçons; un couvent de sœurs du Bon-

Pasteur avec une école pour les petites filles, et deux hôpitaux placés sous la direction des sœurs de charité.

Je dois ajouter aussi que l'on y voit une chapelle grecque et une mosquée.

Est-ce la compagnie qui a fait construire ces divers édifices ?

M. D'HARVILLE.

Tous ; elle pourvoit même aux frais d'entretien et à ceux que nécessitent les cérémonies des différents cultes.

Elle a fait aussi édifier un théâtre.

Enfin, je ne dois pas omettre de vous dire que pour éclairer la rade elle installa, dès les premiers jours de l'exploitation, sur une tour en charpente de vingt mètres de hauteur, un phare dont la lumière éclairait les marins jusqu'à vingt-cinq milles de distance.

Ce phare, qui a rendu de sérieux services, est aujourd'hui devenu insuffisant, et l'on s'occupe de le remplacer par une tour en béton *coignet*, de quarante-cinq mètres de hauteur, portant un feu électrique qui projettera sa lumière jusqu'aux extrémités de l'horizon.

L'ABBÉ MOREAU.

Les Arabes doivent, je le suppose du moins, compter dans la population de Port-Saïd pour une part considérable ; arrivent-ils à comprendre les bienfaits de la civilisation ?

M. D'HARVILLE.

Comme nous le verrons plus tard, ils ont apporté un appoint fort important à la masse des travailleurs ; mais ils se font fort difficilement à de nouveaux usages ; ils travaillent avec courage et sans se lasser, mais un peu en aveugles, faisant tout ce qu'ils peuvent de la force de leurs bras, sans savoir utiliser les divers outils que l'on met à leur disposition.

M. GIRARD.

Les Arabes, comme tous les peuples encore dans l'enfance, sont pleins de bonne volonté, mais ignorent le parti que nous tirons des forces mécaniques ; l'emploi que l'on en fait sous leurs yeux les frappe de stupeur, mais ils ne savent se les approprier pour diminuer leurs fatigues et obtenir de plus importants résultats.

Voy. à l'isthme de Suez.   12

Les fellahs, dès les premiers jours de l'exploitation, sont accourus à Port-Saïd pour exercer les métiers de manœuvres ou de porte-faix, et ont construit aux abords de cette ville des habitations faites de planches ou de nattes, qui forment aujourd'hui un faubourg peuplé d'environ deux mille âmes, où l'on peut aller observer leurs mœurs fort curieuses.

A environ six kilomètres de la plage de Port-Saïd, et sur l'entrée du goulot ou *boghaz*, par lequel la Méditerranée communiquait avec le lac Menzaleh, se trouve un village ou une agglomération de cabanes qui porte le nom de *Génileh*.

Ce hameau, qui est devenu un but de promenade pour les habitants de Port-Saïd, est exclusivement habité par des pêcheurs arabes, aux membres robustes et fortement musclés, qui portent le costume fellah, composé tout simplement d'une chemise en cotonnade bleue ou blanche relevée à la hauteur des reins par une ceinture de cordes, ou plus souvent de joncs marins ; le bas de ce vêtement primitif ne dépasse guère le genoux, et se trouve d'ailleurs la plupart du temps effrangé dans tout son pourtour. Ces pêcheurs se couvrent la tête soit d'un bonnet de laine qu'ils enfoncent jusqu'aux oreilles, soit d'un turban toujours sale.

Les femmes portent le même costume ; cependant il est plus long, et tombe jusqu'à leurs pieds ; elles ont d'ailleurs, suivant les prescriptions de la loi musulmane, le visage entièrement voilé ; et voici comment : Un masque d'étoffe tricotée et de couleur brune est maintenu à la racine du nez par une agrafe en bois qui s'applique sur le front ; le voile descend jusqu'aux genoux et ne laisse voir que les yeux

Quant aux enfants que j'ai aperçus dans ce village, ils étaient complètement nus.

On rencontre à Génileh un nombre considérable de pélicans qui sont réduits à l'état domestique, et dont on utilise la facilité de digestion pour se débarrasser des détritus que la pêche sème sur la plage et à l'entour des habitations.

Mais il est grand temps de revenir à notre exploration du canal ou à notre examen des travaux qu'il a nécessités.

Nous allons donc quitter Port-Saïd et nous avance vers le sud.

Nous avons déjà expliqué que l'ouverture de ce canal aux abords de la Méditerranée ne présentait pas de sérieuses difficultés, quoi qu'en eussent dit ses adversaires ; en effet, jusqu'aux lacs Menzaleh, le terrain est composé en grande partie de sables qui n'offraient que peu de résistance ; mais comme le niveau du lac se trouve presque à la hauteur de ce terrain, il se trouva noyé ou couvert d'eau dès que le chenal fut creusé à la profondeur de quelques centimètres, ce qui n'était, vous pouvez le croire, ni agréable ni commode pour les travailleurs, obligés d'avoir continuellement les jambes dans l'eau. Heureusement que les fellahs ne s'inquiètent pas pour si peu de chose

M. GIRARD.

Ils doivent avoir déjà depuis longtemps une certaine habitude de ce genre de travail.

M. D'HARVILLE.

En effet, l'entretien des digues contre l'inondation et le creusement des canaux d'irrigation que l'on a multipliés depuis plusieurs années, leur a donné une aptitude toute spéciale pour les travaux qui s'exécutent dans l'eau. Du reste, je vais vous donner une idée de la manière dont ils s'y prennent ; cela m'a paru fort curieux.

Ils se placent par files perpendiculaires à l'axe du chenal ; les hommes du milieu de la file ont donc les pieds et les jambes dans l'eau ; armés d'une pioche à fer carré, qui ressemble à une houe un peu courte et large, ils retournent une motte de terre, et la prenant entre leurs bras, la font passer de main en main jusqu'à la berge, où d'autres hommes la reçoivent sur leurs bras croisés en arrière, et vont la déposer en dehors du chenal pour revenir prendre un nouveau fardeau.

Je dois ajouter que pour ce métier original ils se sont au préalable débarrassés de toute espèce de vêtements.

L'ABBÉ MOREAU.

La compagnie ne pouvait-elle donc faire exécuter ces travaux dans de meilleures conditions de bien-être et de salubrité pour les ouvriers.

M. D'HARVILLE.

La compagnie n'a rien à se reprocher à cet égard ; tous ses efforts et ceux des entrepreneurs pour habituer les Arabes à l'emploi de nos outils et de nos machines ont été inutiles.

Ainsi l'on avait d'abord installé ces ouvriers sur un plancher d'où ils pouvaient, sans entrer dans l'eau, piocher la terre et la charger dans des brouettes au moyen de larges pelles.

Tout allait bien tant qu'il ne s'agissait que de piocher, mais ils n'ont jamais pu arriver à se servir d'une façon méthodique de la pelle; les uns la retiraient sans rien porter, les autres, la chargeant trop, la brisaient ou en versaient la charge à côté et non dans l'intérieur de la brouette. Et quant à cette dernière machine, rien n'égalait leur maladresse; je les ai vu se mettre à trois pour la manœuvrer, et, ne pouvant y parvenir, la porter triomphalement avec sa charge, l'un tenant la roue, et les autres les brancards.

On a donc été obligé de les laisser travailler à leur façon, et je vous assure qu'ils s'en tirent avec beaucoup d'activité.

On a essayé aussi de faire charger les déblais dans des paniers en tresses appelés *couffins*, qui pouvaient se porter sur le dos; mais cette tentative ne put réussir, les paniers s'usant très rapidement sous l'influence de l'humidité, et se trouvant bientôt hors de service.

Lorsque le canal avait atteint une certaine profondeur, l'on y installait les dragues.

CHARLES

Voulez-vous nous expliquer ce que c'est que cette machine dont vous nous avez déjà parlé ?

M. GIRARD.

La drague est un instrument dont on se sert pour fouiller le fond des canaux et des rivières afin de leur conserver la profondeur nécessaire à la navigation en débarrassant leur cours des sables, de la vase et des matières quelconques qui peuvent l'embarrasser.

La drague la plus simple est celle qui se meut à bras d'hommes, et qui n'est autre chose qu'un seau en tôle ou en fer-blanc que l'ouvrier enfonce dans la terre et retire à lui lorsqu'il est plein.

M. D'HARVILLE.

Celles employées pour le canal de Suez avaient une tout autre importance ; à voir ces colosses mécaniques, on se croirait revenu au

temps des Grecs et des Romains ; devant ces machines de guerre que
nous a décrites l'empereur Napoléon III dans son ouvrage sur l'artillerie, et qui lançaient, dit-on, des pierres de trois cents livres à mille
ou douze cents pieds de distance.

Tout d'abord on avait envoyé de France des dragues ordinaires,
semblables à celles que l'on emploie sur la Gironde, la Loire ou le
Rhône.

M. LAROQUE.

Leurs dimensions sont déjà fort respectables.

M. D'HARVILLE.

Il fallait leur en donner de bien plus grandes ; et celles que l'on fit
fabriquer pour l'entreprise du canal dépassent tout ce que l'on a
jamais construit dans ce genre ; ce sont de véritables navires en fer,
logeant une énorme machine à vapeur, et pesant un demi million de
kilogrammes.

M. GIRARD.

Elles doivent avoir une grande puissance ?

M. D'HARVILLE.

Si grande, que douze hommes, nécessaires pour diriger une de ces
machines, parviennent à faire le travail de plus de mille ; et qu'en
dix heures elles remuent quinze cents mètres cubes de terre, ou plus
de trois millions de kilogrammes.

Le mécanisme est, du reste, fort simple ; il consiste en une roue
mue par la vapeur, qui est armée de lourds godets en fer, dont les
rebords sont affûtés de manière à les faire pénétrer aisément dans le
sol le plus dur.

Ces godets mordent, chacun à son tour, dans le lit sablonneux ou
vaseux du canal, et remontent leur charge au sommet de la roue ;
là, par un mouvement de bascule, ils se renversent et vident leur
contenu dans un long couloir où il est entraîné sur les berges, à des
distances de soixante ou soixante-dix mètres.

M. GIRARD.

Cet appareil, dit M. de Lesseps dans un de ses lumineux rapports,
est une des plus heureuses innovations parmi celles que les besoins
gigantesques des travaux ont déjà fait naître, et le spectateur le plus

Indifférent comme l'ingénieur le plus expérimenté, est vivement frappé par la vue de cette immense machine qui, creusant le milieu du canal, verse au-delà de ses bords des torrents d'eau et de terre.

Je ne saurais entrer dans tous les détails que comporterait cette partie de notre étude; il me suffira de dire que le cube total des terres remuées chaque mois par ces machines atteignait le chiffre de un million trois cent mille mètres; et pour vous donner une idée de cette masse de déblais, imaginez la place Vendôme couverte de terre jusqu'à quatre fois la hauteur des maisons qui la bordent.

M. GIRARD.

J'ai vu dans un décompte des travaux, que le service de ces machines a exigé par mois vingt-six mille kilogrammes d'huile, dix mille tonnes de charbon, et un personnel de vingt-deux mille hommes.

M. LOMBARD.

Tout cela donne, en vérité, une grande idée de l'industrie moderne et de sa puissance.

M. D'HARVILLE.

La traversée du lac Menzaleh ne fut pas sans difficulté; en effet, vous vous rappelez que les branches pélusiaque et tanitique du Nil viennent s'y déverser, et qu'elles y ont, depuis des siècles, accumulé le limon que ce fleuve entraîne pendant ses crues périodiques.

Il fallait donc ouvrir un chenal à travers les eaux fangeuses de ce lac, et à l'aide de la vase que l'on en retirait construire des berges solides sur un sol extrêmement mobile.

M. GIRARD.

On avait, de plus, à craindre les émanations pestilentielles qui s'élèvent ordinairement des terrains marécageux.

M. D'HARVILLE.

Ces difficultés furent moins sérieuses qu'on ne le suppose tout d'abord; sous l'influence de la chaleur tropicale de l'Egypte l'argile se desséchait immédiatement et prenait la consistance de la pierre. Quant aux vapeurs malsaines, elles étaient promptement absorbées par les rayons du soleil.

Nous avons déjà vu de quelle façon les indigènes procédaient au travail du creusement du chenal, et nous ne reviendrons pas là-dessus.

La traversée du lac Ballah présentait des obstacles du même genre, que l'on surmonta par les mêmes moyens ; ce lac est séparé du lac Menzaleh par une dune d'environ cinq kilomètres, sur laquelle s'élève ou s'élevait autrefois la ville de *Kautara*.

M. GIRARD.

Kautara était autrefois une ville fort importante, dont la population s'élevait à plus de cinq cent mille habitants ; on y avait établi un port sur la branche pélusiaque du Nil, et c'était un point de passage obligé pour les caravanes.

M. D'HARVILLE.

Il en est encore de même aujourd'hui ; les nombreux pèlerins qui, chaque année, se rendent du Caire en Syrie et en Arabie s'arrêtent à Kautara ; aussi cette ville, qui fut presque entièrement détruite trois siècles avant l'ère chrétienne, se relève peu à peu de ses ruines, et deviendra sans doute une cité importante, car elle sera une des principales stations du canal maritime. La distance de Port-Saïd à Kautara est de quarante-quatre kilomètres.

Entre le lac Ballah et le lac Timsah, sur les bords duquel s'élève l'importante ville d'*Ismaïlia*, dont nous parlerons bientôt, se dressent les dunes d'*El-Ferdane* et le seuil d'*El-Guisr*.

Les dunes d'El-Ferdane ne présentaient que peu de difficultés ; elles se trouvent à environ soixante kilomètres de Port-Saïd ; on y a exploité un banc de gypse fort important, et qui a été une immense ressource pour la compagnie.

AUGUSTE.

Qu'est-ce que le gypse ?

M. GIRARD.

Le gypse, ou sulfate de chaux hydratée, est un sel blanc, inodore, insipide et très dur, avec lequel on fabrique le plâtre en le desséchant par la cuisson.

M. D'HARVILLE.

Vous avez vu des fours à plâtre dans les environs de Paris et ailleurs ; nous ne vous en dirons pas davantage sur ce produit qui est devenu d'un usage presque universel pour les constructions.

Le gisement d'El-Ferdane a rendu de très grands services à la compagnie, et ses produits ont été employés dans tous les ouvrages de maçonnerie de l'isthme.

Le seuil d'El-Guisr, qui sépare le lac Ballah du lac Timsah, est une immense dune de sable ayant environ vingt mètres de hauteur, et s'étendant à près de quatre lieues. C'est à travers ces terrains, pour ainsi dire fluides, qu'il fallait creuser le lit du canal ; ce travail n'était point facile, et aux yeux de bien des gens ce seuil d'El-Guisr semblait infranchissable.

Il s'agissait en effet d'enlever des millions de mètres cubes de sable, et d'établir avec ce sable sans cohésion des berges de dix-neuf mètres de hauteur exposées à de continuels éboulements.

Ce but a été atteint, non sans grands efforts ; c'est sur ce point que la compagnie dirigea vingt mille fellahs, dont le gouvernement égyptien avait accordé le concours ; ces travailleurs, recrutés dans les villages intérieurs de l'Egypte, étaient transportés sur les lieux par les bateaux à vapeur ou les chemins de fer ; et là, sous la surveillance de leurs chefs à eux, qui exerçaient la justice et maintenaient l'ordre, ils remuaient le sable avec leurs pioches triangulaires, le chargeaient dans des paniers, et le déchargeaient par dessus la berge.

Avec ces déblais ils ont dressé des parapets énormes qui garantissent le canal des tourbillons de sable du désert.

Pour vous donner une idée de la grandeur de cet ouvrage, je vous dirai ce que je tiens de l'un des ingénieurs de la compagnie ; il avait calculé qu'en mettant les uns à côté des autres les paniers qui y furent employés, on formerait une ligne qui ferait trois fois le tour du globe.

Ces fellahs, divisés par escouades, étaient assimilés aux ouvriers européens ; c'est par escouade qu'on leur distribuait les vivres et la paie.

M. GIRARD.

Puisque vous parlez des fellahs, je vous demanderai ce qu'il y avait de vrai dans l'accusation portée contre la compagnie au sujet de ces malheureux, qui, disait-on, surtout en Angleterre, étaient **traînés de vive force sur les chantiers?**

M. D'HARVILLE.

Je le sais : les adversaires du canal n'ont pas craint d'affirmer que l'on employait à leur égard la violence, qu'on les traitait comme des esclaves ; mais voici les faits qu'il importe de préciser : Lorsque M. de Lesseps obtint du vice-roi Mohammed-Saïd la concession du canal, il se trouva en face d'un ordre de choses existant en Egypte : les fellahs composaient une classe injustement déshéritée de tout avantage social, mais dont le sort s'était néanmoins amélioré depuis peu ; car le gouvernement, jusqu'alors seul propriétaire du sol, leur en avait cédé la propriété moyennant un impôt en nature ou en argent, et l'obligation de fournir chaque année un certain nombre d'hommes pour l'entretien des travaux d'irrigation.

M. GIRARD.

C'est le système de corvée semblable à celui qui existait en Europe au moyen-âge.

M. LAROQUE.

C'est la conscription appliquée aux besoins de l'agriculture.

M. LOMBARD.

Nous avons encore les prestations en nature pour l'entretien des chemins.

M. D'HARVILLE

M. de Lesseps ayant besoin de travailleurs, devait renoncer à employer les ouvriers du pays, ou demander au vice-roi de détacher sur l'isthme une partie de ceux qu'il employait à d'autres corvées.

Ce n'était point aggraver leur position ; au contraire, bien loin de les traiter en esclaves, la compagnie les a payés comme les ouvriers européens eux-mêmes.

Ce fut, du reste, une condition arrêtée à l'avance avec le vice-roi, qui réduisit son armée de trente mille hommes à dix, pour en envoyer vingt mille dans l'isthme, de façon à ne pas surcharger la population agricole.

Cette corvée, puisqu'on lui a donné ce nom, n'a donc rien eu de tyrannique ; je dirai plus, elle a contribué à l'émancipation de cette classe que l'on traitait autrefois comme appartenant à une race inférieure.

Malheureusement le vice-roi, pour des causes que nous aurons peut-être occasion de rappeler avant la fin de nos études, enleva à la compagnie le concours de ces ouvriers, et l'entreprise se vit forcée de faire terminer le creusement du canal jusqu'au lac Timsah à l'aide d'ouvriers européens et de machines.

Cette immense tranchée se termina pourtant ; aujourd'hui elle encaisse dans ses berges, hautes de dix-neuf mètres, une nappe d'eau de soixante mètres de large sur huit de profondeur.

M. GIRARD.

Mais avec des berges de cette hauteur et dans ce terrain mouvant on avait à craindre les éboulements ; a-t-on employé quelque moyen pour les prévenir ?

M. D'HARVILLE.

Tout le long de la berge on a établi des marches en bois qui recouvrent le sol et l'empêchent de couler ; dans la partie où la berge est le plus élevée, ces marches sont au nombre de cent dix, et c'est par là qu'on arrive au niveau ancien du désert.

Plus tard, c'est-à-dire lorsque le sol se sera affermi, on y fera des plantations qui achèveront de le rendre solide et protégeront le canal.

Au sommet de ce plateau d'El-Guisr s'est fondé un village qui compte déjà plus de deux mille habitants.

Ce fut le 18 novembre 1862 que ce seuil tant redouté fut complètement ouvert, et livra un accès dans le lac Timsah aux flots de la Méditerranée ; cette prise de possession du désert démontrait d'une manière certaine que l'entreprise n'était pas une utopie ; aussi M. de Lesseps voulut-il célébrer cet évènement par une grande solennité ; il invita l'évêque catholique d'Alexandrie, le pope grec et le cheick des Ulémas et les consuls européens, et devant ces personnages, au milieu d'une foule considérable, il donna le signal de rompre les derniers barrages, et à son commandement, les flots se précipitèrent dans le lac Timsah comme s'ils eussent été impatients de se mêler à ceux de la mer Rouge.

Cependant tout n'était pas encore fini, car depuis le lac Timsah jusqu'à la mer Rouge, il y avait encore à enlever vingt-cinq millions de mètres cubes. La grandeur des obstacles à franchir n'effrayait point les ingénieurs ni les ouvriers, et M. de Lesseps s'écriait avec un noble orgueil : En six mois, avec toutes les ressources de l'industrie et de la civilisation, on a enlevé à Paris, sur le Trocadéro, en face du Champ-de-Mars, quatre cent mille mètres cubes ; et nous, au milieu du désert, nous enlevons chaque mois plus de trois fois la grandeur du Trocadéro.

Demain nous vous ferons connaître les divers travaux qu'il fallut exécuter pour mener à fin l'entreprise, et les difficultés contre lesquelles il fallut lutter ; mais nous jetterons un coup d'œil sur Ismaïlia, qui est devenue la véritable capitale de l'isthme, et sera dans peu d'années, le centre du commerce de transit entre les deux mondes.

CHAPITRE XII.

—

DOUZIÈME SOIRÉE.

M. D'HARVILLE.

Dans le cours de notre excursion à travers l'isthme, nous ne pouvons nous arrêter sur tous les points qui mériteraient notre attention;
c'est ainsi que nous avons omis de parler de *Raz-el-Ech*, petit village
sur le lac Menzaleh, où les bateaux à vapeur s'arrêtent pour renouveler leur provision d'eau et de charbon, avant d'atteindre Kantara;
ce petit village est peuplé de pêcheurs et de chasseurs qui font la
guerre aux poissons du lac, et aux oiseaux fort nombreux sur ses
rives; mais nous devons nous arrêter, si vous le voulez bien, un
instant à *Ismaïlia*, qui est, nous l'avons déjà dit, la capitale de
l'isthme; après quoi nous poursuivrons notre voyage jusqu'à Suez.

Ismaïlia doit toute son importance à sa position topographique;
elle se trouve en effet placée au centre du parcours du canal maritime, soit à environ soixante-quinze kilomètres de Port-Saïd et de
Suez. Ce fut tout d'abord un simple campement d'employés et

d'ouvriers, qui reçut le nom de Timsah ; celui d'Ismaïlia ne lui fut donné que plus tard, en l'honneur du nouveau vice-roi d'Egypte. Du reste, comme toutes les villes de l'isthme, elle a grandi en quelques années, et compte déjà plus de cinq mille habitants.

M. GIRARD.

Cette ville prendra un accroissement bien plus considérable encore puisqu'elle est le siège du gouvernement provincial.

M. D'HARVILLE.

Son aspect est celui d'une ville européenne ; l'on y trouve, comme à Port-Saïd, de véritables palais, des hôtels magnifiques, et les noms des rues, des quais et des boulevards rappellent la France.

M. GIRARD.

Vous nous avez appris que c'était aux abords d'Ismaïlia que le canal d'eau douce, prolongement de celui de Mahmoudich, œuvre de Méhémet-Ali, tournait vers le sud, pour aboutir à Suez, après avoir, au moyen d'un embranchement, alimenté les fontaines de la ville et fourni l'eau nécessaire ; sur la partie septentrionale de l'isthme jusqu'à Port-Saïd ; dites-nous comment l'eau parvient à cette dernière ville ?

M. D'HARVILLE.

Elle est lancée dans un énorme conduit en fonte, d'une longueur totale de quatre-vingts kilomètres, par des machines à vapeur d'une très grande puissance, dont la direction est confiée à *M. Lesseron.*

Avant l'ouverture de ce canal, Ismaïlia, comme tout le reste de l'isthme était complétement privée d'eau potable, et l'on m'a raconté qu'en 1859, M. de Lesseps faillit périr de soif avec tous ses compagnons de voyage, hommes et bêtes, sur l'emplacement qu'occupe actuellement Ismaïlia, ville où l'eau douce est aujourd'hui si abondante.

ERNEST.

Mais, mon père, pouvaient-ils souffrir de la soif, sur les bords du lac Timsah ? Les eaux de ce lac ne sont-elles point potables ?

M. D'HARVILLE.

Le lac Timsah, dont vous parlez, était, comme les lacs amers, à sec depuis des siècles ; c'était un vallon sans la moindre végétation, aussi aride que le désert.

M. GIRARD.

Et aujourd'hui les navires circulent librement sur ce vallon où le vent du sud soulevait autrefois des tourbillons de poussière.

M. LOMBARD.

Quel changement !

M. LAROQUE

C'est vraiment incroyable !

M. D'HARVILLE.

Pendant les premiers mois de l'entreprise, la compagnie, obligée de fournir de l'eau à ses nombreux ouvriers, la faisait transporter de près de trente kilomètres à dos de chameau ; il arriva un moment où deux mille de ces animaux furent employés continuellement à ce service de va et vient, et l'eau coûtait à la compagnie quarante centimes par jour pour chaque ouvrier.

Depuis l'arrivée de l'eau douce à Ismaïlia, les rues et les places publiques sont arrosées comme celles de Paris, et par le même système, c'est-à-dire au moyen d'un tonneau chargé sur une petite voiture que traînent lentement, non plus un cheval, mais un chameau aux longues jambes, qui par son allure mélancolique, semble protester contre l'abus déplorable que l'on fait à présent de ce bienfaisant liquide.

Comme Port-Saïd, Ismaïlia possède une église catholique, une mosquée, un grand hôpital où sont admis Arabes et Européens, et un palais que le vice-roi a fait élever sur les plans d'un ingénieur français, M. Ponchet, de Rouen ; on y voit le boulevard de l'impératrice, et la place Champollion

M. GIRARD.

Hommage soit rendu au savant qui l'un des premiers est parvenu à déchiffrer la langue hiéroglyphique.

M. D'HARVILLE.

C'est sur cette place que se trouve les bureaux de la poste et du télégraphe.

Une particularité fort curieuse, c'est que l'on voit à la porte de l'hôtel des postes un cadre dans lequel sont exposées les lettres dont les destinataires ont quitté Ismaïlia; et sont partis pour les Indes ou pour l'Europe.

M. LAROQUE.

Cette innovation devrait être adoptée dans les grandes villes de passage.

M. D'HARVILLE.

Ismaïlia est séparée du lac Timsah par le canal d'eau douce, bordé d'un quai planté d'arbres qui en feront un jour une promenade fort agréable

Elle possède aussi son village arabe qui est campé, plutôt que bâti, à gauche de la ville.

Comme tous les Arabes, les habitants de ce village sont un peu nomades; aussi leur maisonnette, en planches ou en nattes, est-elle tout d'une pièce; lorsque les nécessités de leur industrie ou simplement leur fantaisie les amènent à changer de localité, ils se réunissent une demi-douzaine, soulèvent chacun un coin de la cabane, et la portent ainsi là où il leur convient de planter de nouveau leur tente.

Ismaïlia a aussi un établissement de bains de mer, et c'est un des mieux installés que j'ai vus. Rien n'y manque, et les toilettes des baigneurs y sont aussi élégantes qu'à Dieppe.

M. GIRARD.

Sous le climat de l'Egypte, les bains doivent être fort salutaires.

M. D'HARVILLE.

La loi musulmane en fait du reste un précepte; mais le lac Timsah réunit tout ce qu'il faut pour satisfaire les plus difficiles, et les nageurs peuvent s'en donner à volonté. Ajoutez que l'on n'y risque point, comme à Alexandrie ou à Port-Saïd, de se heurter à l'aileron d'un requin.

Un monument fort élégant à Ismaïlia, c'est la gare du chemin de fer de Suez; le bâtiment principal est entouré d'une vérandah, dont les cintres en sont supportés par de légères colonnettes, s'appuyant sur un soubassement en briques.

M. LOMBARD.

Et comment les Arabes ont-ils accueilli le chemin de fer ?

M. D'HARVILLE.

Sans s'émouvoir le moins du monde ; pas plus qu'ils ne l'avaient fait pour le télégraphe ; l'Arabe, vous le savez, est fataliste ; il a de plus en horreur toute espèce de règlement ; aussi les voit-on insoucieusement traverser la voie, et s'exposer sans crainte au danger d'être écrasé.

M. LAROQUE.

Ils sont ainsi en Algérie, et l'on n'a pu soumettre à aucune discipline les corps arabes que l'on a formés depuis la conquête.

M. D'HARVILLE.

S'il arrive un accident sous leurs yeux, une mort subite, un homme écrasé : Dieu l'a voulu, disent-ils ; c'était écrit ; son heure était venue.

Le port d'Ismaïlia sera l'un des plus sûrs du monde et en même temps l'un des plus agréables, lorsque les arbres que l'on a plantés sur les quais auront acquis leur développement.

Sur la rive, en venant de Port-Saïd, on trouve un chalet qui appartient au vice-roi d'Egypte et qu'il a habité à l'époque de sa visite dans l'isthme. Il y exerçait une cordiale hospitalité, accueillant les visiteurs avec la plus grande bienveillance.

C'est dans ce chalet que furent logés le prince et la princesse de Galles, à l'époque de leur voyage en Egypte, au commencement de l'année 1868 ; c'est là qu'à l'issue d'un grand dîner offert par l'héritier présomptif de la couronne d'Angleterre, il porta un *toast à M. de Lesseps et à la prospérité du canal de Suez*.

M. GIRARD.

On était déjà loin de ce jour où lord Palmerston déclarait que l'entreprise était impraticable.

M. D'HARVILLE.

Cette visite du prince de Galles eut lieu au moment où les eaux furent introduites dans les lacs amers ; elle avait été précédée de celles de M. Béhic, directeur des messageries impériales, de sir Henri

Bulwer, ambassadeur d'Angleterre à Constantinople, et de l'émir Abd-el-Kader, l'ancien adversaire de la France.

M. GIRARD.

Il ne faut point omettre celle du duc de Brabant.

M. D'HARVILLE.

J'allais le nommer, et vous parler aussi du voyage que fit en Égypte, au mois de mai 1863, le prince Napoléon : il parcourut l'isthme, examina tous les travaux et rentra en France plein d'admiration pour cette entreprise.

Mais la visite la plus importante, celle qui avait du moins le plus de valeur aux yeux du monde commercial, fut celle de quatre-vingt-six délégués des chambres de commerce Européennes ; ils se rendirent en Égypte au mois d'avril 1865, sur l'invitation de M. de Lesseps, traversèrent l'isthme de Port-Saïd à Suez, s'arrêtant sur les chantiers en pleine activité et témoignèrent solennellement de la grandeur de cette œuvre sur le point d'être entièrement réalisée. Mais il est temps de continuer notre excursion le long du canal.

Au sortir du lac Timsah, il passe au pied du *Djebel-Mariam*, ou montagne de Marie. Suivant la légende Arabe, c'est sur cette montagne que Marie, la prophétesse, sœur de Moïse et d'Aaron, s'adressa à l'éternel, pour accueillir son frère Moïse, que les marabouts appellent *le parleur de Dieu*. Moïse, disent-ils, pour la punir, la frappa de la lèpre.

L'ABBÉ MOREAU.

Ceci est contraire au récit de la Bible, car la scène dont vous parlez se passa près du mont Sinaï, quand les Hébreux étaient déjà à quinze jours de marche de Ramsès; de plus cette légende prête à Moïse des sentiments de vengeance contre sa sœur, tandis qu'au contraire, ce fut à sa prière que Marie fut guérie miraculeusement.

M. D'HARVILLE.

Quoi qu'il en soit de cette légende, la montagne est ainsi appelée; elle domine le pays de Gessen dont nous avons déjà parlé, et du sommet de cette falaise, on jouit d'une vue magnifique.

Le canal longe le flanc occidental de cette montagne; son ouverture ne présentât pas de grandes difficultés jusqu'à *Toussoum*, petit amas

Voy. à l'isthme de Suez.   13

de maisons en bois et en briques, qui fut le premier campement de la compagnie au milieu du désert.

Les travaux furent exécutés comme ailleurs, à bras d'hommes, puis, lorsque la tranchée eut atteint quatre mètres de profondeur, on employa les dragues.

M. GIRARD.

En creusant cette tranchée, on mit à découvert des échantillons fort curieux de bois fossile ou pétrifié appartenant à une espèce de palmier, et aussi des ossements antédiluviens.

M. D'HARVILLE

Non loin de là les Arabes montrent avec respect le tombeau du cheik *Ennedek*, un de leurs saints, dont les sentences et les paroles sont restées fort populaires.

Ils ajoutent que non loin de ce tombeau était un temple de Baal-Tiphon, sous les murs duquel Moïse fit défiler le peuple d'Israël; ce serait aussi, d'après leurs traditions, près de Toussoum que s'effectua le passage de la mer Rouge.

Nous voici au seuil du Sérapéum qui est un monticule haut de quelques mètres sur une longueur de dix kilomètres environ; on trouvé les ruines d'un temple consacré à Sérapis, dieu égyptien dont nous avons déjà parlé, et quelques objets, des vases, des urnes, des médailles remontant à l'époque romaine.

Sérapéum est aujourd'hui un village important peuplé d'Arabes et d'Européens. Sur ce point l'exécution du canal n'était pas sans difficulté; non-seulement il fallait creuser, comme à El-Guisr, une tranchée à travers une montagne de sable sans consistance; mais comme les eaux de la Méditerranée étaient déjà introduites dans le lac Timsah, on ne pouvait donner tout d'abord à cette tranchée la profondeur nécessaire, sous peine d'être inondé.

L'ingénieur, M. Lavalley, eut l'heureuse idée de profiter du voisinage du canal d'eau douce, et d'amener ses eaux sur le plateau du Sérapéum, afin de rendre le terrain plus malléable, et de le creuser ensuite au moyen des dragues.

Ce fut vers la fin de 1867, au moment de la crue du Nil, que l'on établit une communication entre ce canal et la tranchée déjà ouverte à bras d'hommes; après quoi l'on y conduisit les dragues, qui purent fonctionner immédiatement, sur une longueur de sept kilomètres, à partir d'un barrage établi en avant de Toussoum, sur le canal, pour retenir les eaux de la Méditerranée.

Ce travail, qui a duré deux ans, était extrêmement difficile; car il fallait enlever un cube de trois millions sept cent mille mètres de sable; et de plus ce sable se trouvant très fin pénétrait dans les engrenages, encrassait les couloirs des dragues et les empêchait de fonctionner.

Enfin cette partie du canal fut terminée au commencement de 1869; le 18 mars le dernier barrage fut rompu, et les eaux de la Méditerranée, venues de Port-Saïd, se précipitèrent dans l'immense bassin des Lacs amers. Cette cérémonie fut faite solennellement, et en présence du vice-roi lui-même. Les Lacs amers n'ont été remplis qu'au bout de sept mois.

M. LOMBARD.

Est-il possible qu'il ait fallu tant de temps?

M. D'HARVILLE.

Cette lenteur avait été calculée, car on avait jugé nécessaire de modérer la vitesse du courant, de peur qu'il ne fut nuisible aux berges du canal; dans ce but on avait établi des barrages qui n'ont été enlevés qu'à la fin de l'opération; vous savez que ces Lacs formaient un immense bassin complètement à sec et recouvert dans toute sa superficie d'une couche de sel qui atteignait jusqu'à huit mètres d'épaisseur.

AUGUSTE.

Ce banc de sel doit être aujourd'hui entièrement fondu?

M. D'HARVILLE.

Évidemment; le bassin contient un milliard et demi de mètres cubes d'eau, et l'on a calculé que pendant l'opération de remplissage, que vous trouviez si lente, il y rentrait cent mille litres d'eau par seconde. Il forme une véritable mer intérieure de quarante kilomètres de long sur huit de large, où les navires pourront évoluer sans péril.

On a du reste placé tout le long de la passe d'un certain nombre de bouées qui indiquent la partie la plus profonde du bassin.

En outre on a construit deux phares, l'un au nord, l'autre au midi, pour éclairer les deux entrées de cette mer.

M. LAROQUE.

N'a-t-on pas à craindre que ces lacs ne se dessèchent comme autrefois sous l'influence de la chaleur.

M. D'HARVILLE.

Non assurément ; les deux mers se trouvant désormais en communication permanente, le canal conservera toujours la même quantité d'eau.

La vue de ces lacs immenses a, je vous assure, quelque chose de grandiose et d'imposant, au milieu du désert sans bornes qui les environne ; mais il est à croire que dans quelques années ce désert changera d'aspect, et que le canal d'eau douce qui le traverse dans sa course jusqu'à Suez transformera en terres fertiles et productives ces dunes arides et sablonneuses.

Du reste, je dois vous dire que les lacs amers ne sont point aujourd'hui dépourvus d'êtres animés ; les échassiers et les palmipèdes y abondent, surtout du côté de la forêt d'El-Amback

ERNEST.

Vous ne nous avez point parlé de cette forêt ; est-elle sur les bords du lac ?

M. D'HARVILLE.

Non point sur les bords, mais dans le lac même

Elle s'élevait sur plusieurs kilomètres de longueur dans le bassin à sec ; et se trouve aujourd'hui submergée si bien que l'on ne voit plus que les cimes des arbres au dessus de l'eau. C'est là que les grues, les cigognes, les ibis, les pélicans, les flamants ont établi leur domicile avec bien d'autres oiseaux ; les employés de la compagnie leur font une terrible guerre, la nuit surtout, si du moins on peut dire qu'il y ait une nuit en Egypte, car rien ne saurait donner une idée de la pureté de l'air dans cette contrée.

CHARLES.

Vous nous parlez des lacs amers; il y a donc plusieurs bassins de ce nom ?

M. D'HARVILLE.

Il existait en effet deux bassins, séparés par un seuil assez élevé, mais qui fut coupé en peu de temps; en sorte qu'aujourd'hui les deux lacs n'en forment qu'un seul, ayant près de quarante kilomètres de longueur, et dont l'extrémité méridionale n'est qu'à vingt-cinq kilomètres de Suez.

Cette portion du canal ne coûta donc que peu de travaux à la compagnie; ce fut seulement sur le plateau de Chalouf, à seize kilomètres de Suez, qu'elle rencontra un genre de difficulté jusque-là nouveau pour elle.

C'était un banc de rochers, ayant la forme d'une lentille, et dont la masse à enlever dépassait vingt mille mètres cubes.

On creusa d'abord à bras d'hommes, la tranchée jusqu'à la rencontre du granit; après quoi on employa la poudre; chaque matin, on faisait jouer deux à trois cents mines, et dans la journée on chargeait les débris sur des wagons pour les transporter hors de la tranchée.

Cette opération dura huit mois.

A partir de ce point, la fouille n'offrit plus de difficulté jusqu'à la mer Rouge, et fut opérée par les dragues.

Arrivé à Suez le canal se prolonge à quinze cents mètres au-delà dans la mer, pour offrir un accès commode aux plus grands navires.

Comme à Port-Saïd il est protégé par une jetée fort importante, qui se développe en éventail, et lui donne à son extrémité une largeur de trois cents mètres.

Je n'aurai que peu de chose à vous dire de la ville de Suez, de cette ville de la soif, qui par le fait existait avant celles que nous avons visitées dans l'isthme et qui ne datent que de l'époque contemporaine, ou de l'époque des travaux.

Suez touche à l'Arabie, et la partie ancienne de cette ville ressemble à toutes les villes arabes, aux rues étroites et tortueuses, aux maisons sales et mal bâties.

M. LAROQUE.

Ne trouve-t-on rien à visiter dans cette partie de la ville.

M. D'HARVILLE.

Quelques mosquées fort misérables, et une maison, fort ordinaire d'ailleurs, mais célèbre par le séjour qu'y fit le général Bonaparte. Cette maison fait face à la mer, et appartient à un musulman : comme je vous l'ai dit ailleurs, les musulmans professent une grande admiration pour le vainqueur des Pyramides, qu'ils appellent *Bonaberdi;* ils prétendent que *la nuit son âme vient se poser sur le fil de son sabre.*

M. LAROQUE.

C'est une suite de la croyance des mahométans, qui affirment que l'enfer et le paradis sont réunis par un pont aussi étroit que la lame d'une épée.

M. GIRARD.

La compagnie n'a-t-elle fait à Suez aucune construction ?

M. D'HARVILLE.

Pardonnez-moi; elle y a exécuté des travaux fort importants et une nouvelle ville, européenne, celle-là, s'élève en ce moment sur les bords de la mer Rouge, à côté de la cité arabe.

Un immense quai, qui porte le nom de Waghorn, cet officier anglais dont nous avons déjà raconté la courageuse initiative, s'étend sur les bords de la mer ou de la rade que forme le canal; c'est aux abords de ce quai que l'on a établi les chantiers et les bâtiments nécessaires à l'exploitation du canal et au service de la marine.

L'ouverture du canal, et l'établissement d'un chemin de fer qui la met en communication avec Ismaïlia et la partie nord de l'isthme, transformeront en peu d'années la ville de Suez qui est, sans aucun doute, appelée à jouer un grand rôle dans le monde commercial.

De plus, le canal d'eau douce, en lui portant, je puis le dire, la vie, changera l'aspect des environs, modifiera le climat, et fera de ce désert aride qui couvre la moitié de l'Égypte, un terrain fertile et productif.

C'est au mois de septembre 1869, que cette grande œuvre a été terminée. Le 28 de ce mois de septembre, jour mémorable dans l'histoire moderne, M. de Lesseps, parti de Port-Saïd le matin, arrivait le soir même à Suez, après une traversée directe de quinze heures seulement, en bateau à vapeur, et en faisait immédiatement parvenir la nouvelle à Paris par le télégraphe.

Le 15 août précédent, jour de la fête de l'empereur, il avait réuni à Suez les principaux membres de la compagnie et les représentants des puissances européennes. Le ministre des travaux publics d'Egypte, *Ali-Pacha Moubarck* présidait la cérémonie, et porta un toast à l'empereur des Français : Ce jour, dit-il, représente la triple fête de l'Empereur, de la France et de la civilisation, car l'ouverture de la communication entre les deux mers ouvre une nouvelle ère aux progrès de la civilisation du monde. Enfin dans quelques jours doit avoir lieu la grande fête d'inauguration, fête à laquelle sont conviés les souverains et les savants, à laquelle assistera l'impératrice des Français elle-même, qui a bien voulu accepter l'invitation du vice-roi, comprenant que cette œuvre, accomplie malgré tant de difficultés matérielles et politiques, est une œuvre éminemment française.

C'est ainsi que se terminerait notre tâche ; cependant je crois devoir revenir sur quelques faits importants qui ont entravé l'entreprise de M. de Lesseps, faits que j'ai négligé de mentionner pour ne point retarder notre voyage, et puis nous terminerons en jetant un rapide coup-d'œil sur les résultats que cette entreprise doit avoir dans un avenir prochain pour le commerce et la civilisation.

Nous vous avons déjà expliqué l'attitude du gouvernement anglais, en présence du projet de M. de Lesseps ; nous avons montré ce ministère et surtout lord Palmerston, luttant contre l'opinion publique, contre l'opinion du commerce anglais lui-même, traiter d'utopie cette grande idée d'établir une communication entre les deux mers ; et user de toute son influence sur le sultan de Constantinople pour l'empêcher de donner son approbation au firman de concession accordé à M. de Lesseps par le vice-roi.

M. LAROQUE.

Cette opposition était vraiment inqualifiable.

M. GIRARD.

Elle rappelle le projet du Portugais Albuquerque, voulant détourner le Nil dans la mer Rouge, pour détruire à jamais l'Egypte.

Elle eut de fâcheux effets pour la compagnie, en la privant d'un apport de fonds et d'un appui moral sur lesquels elle se croyait en droit de compter, en entretenant dans une partie du public européen une défiance nuisible à l'œuvre, et en lui créant des obstacles de toute sorte, même pendant son exécution.

Nous ne nous arrêterons pas davantage sur ce point regrettable de notre étude. Le ministre anglais dont nous parlons n'est plus; et en présence de l'œuvre accomplie, l'Angleterre manifeste chaque jour plus hautement ses sympathies pour le courageux Français qui l'a entreprise.

Nous arrivons maintenant à une seconde difficulté qui fut soulevée en 1864; elle eut une grande importance car elle retarda certainement de plusieurs mois l'ouverture complète du canal; nous en avons déjà dit quelques mots; ce fut la détermination que prit le vice-roi de supprimer les contingents d'ouvriers indigènes qu'il s'était engagé à fournir pour ces travaux.

M. GIRARD.

Cette détermination ne fut-elle pas amenée par l'influence anglaise ?

M. D'HARVILLE.

En partie peut-être; on reproche au vice-roi de n'avoir point encore aboli les corvées, comme il en avait pris l'engagement à son arrivée au pouvoir; vous avez vu cependant que ce terme de corvée qui est odieux aux yeux de la religion et de la civilisation, ne pouvait, sans injustice, s'appliquer aux chantiers de la compagnie, qui payait tous ses ouvriers sans distinction d'origine, et sans les retenir contre leur volonté; et du reste la conduite des employés français à l'égard des fellahs placés sous leurs ordres n'a donné lieu à aucune plainte.

Mais il faut reconnaître que le gouvernement égyptien avait de sérieux motifs de se soustraire à l'exécution de cette convention ; les fellahs étaient, pour la plupart, des laboureurs, des cultivateurs, et leur absence des villages laissait les terres incultes, ce qui présentait de graves inconvénients. Le vice-roi, en refusant de remplir cet engagement, qu'il avait pris peut-être sans en calculer la portée, se soumit, du reste, loyalement envers la compagnie à une indemnité qui fut fixée à trente millions par l'empereur Napoléon III.

M. GIRARD.

Cette indemnité était considérable, et néanmoins la compagnie se vit forcée d'agir avec plus de lenteur, puisqu'elle manquait de bras.

M. D'HARVILLE.

Mais le plus terrible obstacle qu'elle rencontra, ce fut l'invasion du choléra. Ce terrible fléau fit son apparition au moment où la suppression des contingents indigènes obligeait les entrepreneurs à recruter les ouvriers sur toutes les côtes du bassin de la Méditerranée ; les premiers cas de choléra se manifestèrent à Alexandrie et au Caire, au mois de juin 1865, et le 9, le médecin en chef de la compagnie, à Ismaïlia, annonça que la maladie s'y était déclarée ; à la première nouvelle, M. de Lesseps quitta la France et vint présider lui-même aux mesures de salubrité et d'hygiène que devait prendre la compagnie pour préserver les ouvriers et arrêter les progrès du fléau ; malheureusement la terreur s'empara de ces ouvriers ; ils désertèrent les chantiers en masse, se précipitant vers Port-Saïd sans savoir s'ils y trouveraient des navires, sans savoir même si cette ville était pourvue des denrées nécessaires pour leur subsistance.

Un grand nombre succomba en chemin, soit aux atteintes de la maladie, soit aux fatigues du voyage ; mais les travaux se trouvèrent interrompus, et il périt encore, dans un espace de vingt jours, deux cent dix-neuf personnes, sur deux mille seulement qui étaient restées dans l'isthme.

La terrible maladie disparut, et l'œuvre du canal continua sans rencontrer de nouveaux obstacles que ceux que lui opposait le sol lui-même.

J'aurais encore bien des détails à vous donner sur cette œuvre grandiose, qui est, quoi qu'en disent quelques sceptiques, une œuvre définitive et complète ; mais ces détails nous entraîneraient beaucoup trop loin ; bien des ouvrages, d'ailleurs, ont été publiés à cette occasion, et vous pourrez les parcourir avec fruit.

Entre tous, je vous citerai celui de M. Olivier Ritt, qui contient une foule de détails intéressants sur les travaux exécutés et les machines que l'on y a employées; détails qui nous auraient menés beaucoup trop loin, et dans lesquels nous ne pouvions entrer.

L'ouvrage de M. Ritt est, de plus, accompagné de plans explicatifs qui facilitent les recherches et donnent au lecteur une parfaite connaissance de l'isthme de Suez et des points que traverse le canal.

M. GIRARD.

La compagnie a-t-elle fait connaître exactement le montant total de la dépense engagée ?

M. D'HARVILLE.

Sans aucun doute ; cette dépense est considérable, puisqu'elle est de près de quatre cent cinq millions ; mais une partie se trouve représentée par des immeubles acquis à Paris et dans l'isthme ; du reste, la dette de la compagnie envers ses actionnaires n'est que de trois cent millions, le reste ayant été couvert par des indemnités ou des bénéfices déjà réalisés. La compagnie, d'ailleurs, retirera de l'exploitation du canal de quoi faire face à tous ses engagements.

M. LOMBARD.

Quels produits retirera-t-elle donc ?

M. D'HARVILLE.

Un droit de passage et de remorquage lui sera payé par chaque navire qui suivra le canal. Quoi qu'il en soit, si nous nous en rapportons aux calculs d'Hérodote, la construction de la grande pyramide aurait coûté quatre cent cinquante millions de notre monnaie, plus encore que le canal de Suez ; et ce canal coûterait plus cher encore, que son utilité n'en serait pas moins constatée jusqu'à l'évidence.

M. GIRARD.

La dépense est quelque chose, en effet, et doit certainement entrer en ligne de compte ; mais elle ne frappe qu'une ou deux générations ; tandis que l'œuvre reste et doit profiter à nos derniers neveux

M. D'HARVILLE.

Oui, les résultats de l'œuvre entreprise par M. de Lesseps seront immenses dans l'avenir ; immenses pour le commerce qui y trouvera une voie considérablement plus courte, puisque les ports de l'Europe se trouvent rapprochés d'environ trois mille lieues de ceux de l'Inde.

M. GIRARD.

Et de ceux de l'Océanie.

L'ABBÉ MOREAU.

Immenses pour les progrès de la civilisation et de la religion, puisqu'elle rendra plus faciles les rapports entre des peuples de mœurs et d'usages si différents, et jusqu'ici séparés par d'énormes distances.

M. LAROQUE.

N'oublions pas les résultats que le canal de Suez doit avoir pour l'Égypte, qui était restée depuis si longtemps en dehors des nations civilisées, et va se trouver désormais un lieu de passage obligé entre les deux mondes.

M. LOMBARD.

Ajoutons que M. de Lesseps n'a pas seulement fait l'œuvre d'un intelligent spéculateur, mais qu'en amenant les eaux du Nil jusqu'aux extrémités de l'isthme, il est devenu le bienfaiteur de cette contrée, dont l'aspect changea complètement sous l'influence de ces eaux fertilisantes

M. D'HARVILLE.

Rendons hommage à son énergie, à son courage, qui n'a reculé devant aucune difficulté, et a su triompher de tous les obstacles pour ouvrir une voie nouvelle à la civilisation et au commerce du monde entier.

M. GIRARD.

Honneur aux princes qui ont compris la grandeur de cette œuvre et l'ont protégée dans son accomplissement.

L'ABBÉ MOREAU,

Honneur à tous ceux qui y ont coopéré ; à ces ingénieurs, à ces employés, à ces humbles ouvriers qui ont soutenu cette rude campagne de quinze ans, et bravé les dangers du climat égyptien et les périls du désert pour rapprocher les nations et faire faire au monde un pas de plus vers la paix et la concorde universelles.

FIN.

TABLE

—

CHAPITRE I.
PREMIÈRE SOIRÉE.

CHAPITRE II.
DEUXIÈME SOIRÉE.

CHAPITRE III.
TROISIÈME SOIRÉE.

CHAPITRE IV.

QUATRIÈME SOIRÉE.

CHAPITRE V.

CINQUIÈME SOIRÉE.

CHAPITRE VI

SIXIÈME SOIRÉE

CHAPITRE VII.

SEPTIÈME SOIRÉE

CHAPITRE VIII.

HUITIÈME SOIRÉE.

CHAPITRE IX

NEUVIÈME SOIRÉE.

CHAPITRE X.
DIXIÈME SOIRÉE.

CHAPITRE XI.
ONZIÈME SOIRÉE.

CHAPITRE XII.
DOUZIÈME SOIRÉE.

FIN DE LA TABLE.

Limoges. — Imp. L. Ardant et Cie.

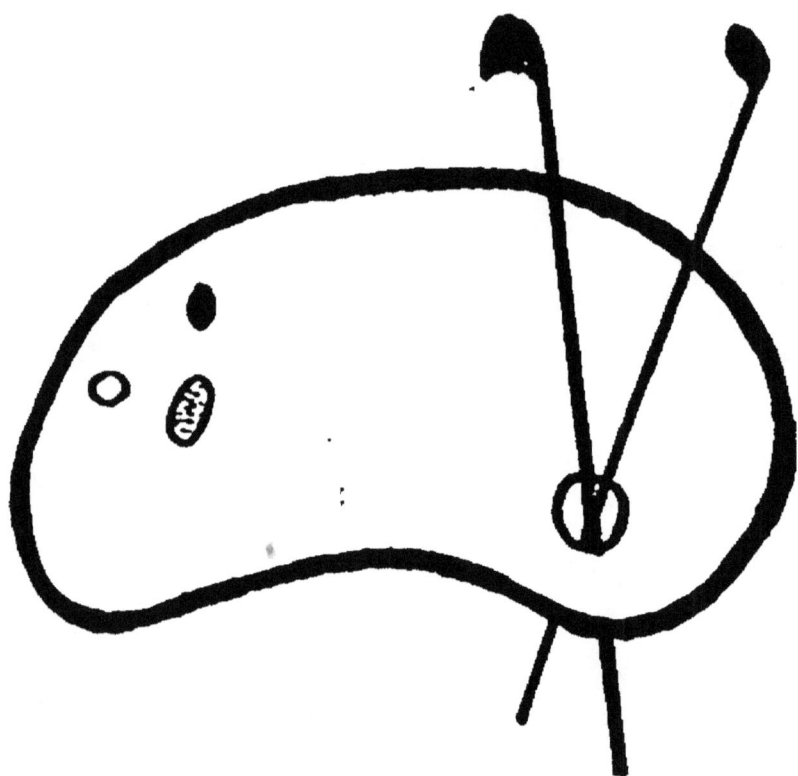

ORIGINAL EN COULEUR
NF Z 43-120-8